**Reinhard Mehring** · *»Kafkanien«*

# Reinhard Mehring

*»Kafkanien«*
*Carl Schmitt, Franz Kafka*
*und der moderne Verfassungsstaat*

Dekonstruktion und Dämonisierung des Rechts

**Klostermann Essay 9**

Bibliographische Information der Deutschen Nationalbibliothek
Die Deutsche Nationalbibliothek verzeichnet diese Publikation in
der Deutschen Nationalbibliographie; detaillierte bibliographische
Daten sind im Internet über *http://dnb.dnb.de* abrufbar.

© Vittorio Klostermann GmbH · Frankfurt am Main · 2022

Alle Rechte vorbehalten. Ohne Genehmigung des Verlages ist es
nicht gestattet, dieses Werk oder Teile in einem photomechanischen
oder sonstigen Reproduktionsverfahren oder unter Verwendung
elektronischer Systeme zu verarbeiten, zu vervielfältigen und zu
verbreiten.
Gedruckt auf alterungsbeständigem Papier.
Satz: Marion Juhas, Frankfurt am Main
Druck und Bindung: docupoint, Barleben
Printed in Germany
ISSN 2626-5532
ISBN 978-3-465-04589-2

*Tagebuchnotizen vom Juni 1922*

Kafka am 16. Juni über Hans Blüher (Secessio judaica. Philosophische Grundlegung der historischen Situation des Judentums und der antisemitischen Bewegung, Berlin 1922): »Er nennt sich einen Antisemiten ohne Haß, sine ira et studio, und er ist es wirklich, aber er erweckt sehr leicht, fast bei jeder Bemerkung, den Verdacht, daß er ein Judenfeind ist, sei es in glücklichem Haß, sei es in unglücklicher Liebe. Diese Schwierigkeiten stehen wie Naturgegebenheiten einander gegenüber und es ist notwendig, auf sie aufmerksam zu machen, damit man beim Durchdenken des Buches nicht an diese Irrtümer stößt und sich dadurch von vornherein unfähig macht, weiter zu dringen.«

Schmitt am 18. Juni: »Morgens behaglich gefrühstückt, angefangen am Aufsatz über die Gegenrevolutionäre zu schreiben.« 24. Juni: »Etwas über Cortes geschrieben, für Wanner. So verging der Vormittag. Um 1 ¼ zum Essen; die Mutter von Fräulein Spiegelberg war da, eine manikürte Jüdin; es sind doch alle dieselben. Begleite Wanner noch etwas, der mit mir auf mein Zimmer kam und dem ich Photographien der Blue mountains zeigte. Ging dann in der Stadt herum, las um 3 Uhr, dass Walther Rathenau ermordet war. Entsetzlicher Schock. Angst, das Gefühl fürs

Schicksal. Also das war sein Schicksal, so sollte er sterben, dieser gebildet, schöne, überlegen-schwache Mensch.« 26. Juni: »Tod Rathenaus, die Ausnahme-Verordnungen nach Art. 48. Die Franzosen machen große Parade in den Straßen, es sieht unheimlich aus. Nach der Vorlesung mit Erich Kaufmann schön über Inflation, die Psychologie des politischen Englands gesprochen (es muss eine mythologische Figur da sein: die Juden, die Schieber; Ludendorff ist es nicht, der Marxismus ist eine Konstruktion, er kann solche Figuren nicht schaffen). Kaufmann begleitete mich zu meiner Wohnung, ich erzählte von meinem Max-Weber-Aufsatz und die Definition der Souveränität, die er sofort als sehr intelligent billigte.«

*Inhalt*

1. Juristen und Rechtsskeptiker — 9
2. Zweierlei Karrieren — 17
3. Kritiker des Rechtspositivismus — 27
4. Ein Freund: Franz Blei — 37
5. Tagebuchsatiren — 45
6. Dystopiker der Neuzeit — 59
7. Kafka-Notate — 67
8. Arendt über Kafkas Utopie der Humanität — 111
9. Anerkennung der Bundesrepublik? — 119
10. Entgrenztes Recht — 135

Literaturverzeichnis — 145
Personenverzeichnis — 149

*I. Juristen und Rechtsskeptiker*

Franz Kafka (1883–1924) und Carl Schmitt (1888–1985) muss man Lesern eigentlich nicht vorstellen. Jeder weiß, dass Kafka ein Dichter der klassischen Moderne war, gebürtiger Prager, Jude, Jurist und Prosaist, Satiriker des Normalzustands zwischen Familienhypotheken, Beziehungsverwicklungen und Angestelltensubordination. Schmitt war ebenfalls Jurist, Staatsrechtslehrer, »Kronjurist« des Weimarer Präsidialsystems wie des Nationalsozialismus, Katholik und Etatist, Antisemit, Revanchist. Kafka und Schmitt waren politisch-theologisch und habituell zweifellos Antipoden. Wo der »Dezisionist« die Diktatur im Ausnahmezustand beschwor, scheiterte Kafkas »Entscheidungskraft« (KHL 214) am Ernstfall der »Heiratsversuche« (KHL 209ff). Wo der Schuldlose – im *Brief an den Vater* – auf seinem Schuldkomplex bestand und eine Rhetorik der Selbstminimierung pflegte, zielte der Täter auf Apologie. Schmitts Adaption Kafkas für die Lage nach 1945, seine polemische Bezeichnung der frühen Bundesrepublik als »Kafkanien« stand Kafkas

Intuitionen und Intentionen denkbar fern. Gewiss karikierte Kafka die politischen Verhältnisse seiner Zeit und Lage. Biographische, psychologische oder auch theologische Deutungen könnten die Fluchtlinien und Ziele seines Werkes dennoch besser treffen. Benjamin meinte: »Viel deutet darauf hin, daß die Beamtenwelt und die Welt der Väter für Kafka die gleiche ist.«[1] Er meinte aber auch: »Zwei Wege gibt es, Kafkas Schrifttum grundsätzlich zu verfehlen. Die natürliche Auslegung ist der eine, die übernatürliche ist der andere; am Wesentlichen gehen beide – die psychoanalytische wie die theologische – in gleicher Weise vorbei.«[2] Starke psychologisierende Deutungen verfehlen den Realgehalt von Kafkas Machtanalyse. Rezeptionen müssen sich auch nicht an die Autorintentionen halten, die ohnehin rätselhaft bleiben. Kafkas Texte wollten als abstrakte Modelle über den Tag hinaus wirken. Beide Autoren, Schmitt und Kafka, gleichsam in einem Atemzug als Pathognomen von Recht und Staat zu lesen, klingt zwar dissonant, liegt aber eigentlich nahe. Beide hatten eine verwandte Epochenerfahrung, verstanden sich als Außenseiter, problematisierten Recht und Staat.

Zwar war Kafka fünf Jahre älter und schloss sein Studium in Prag gerade ab, als Schmitt seines in Ber-

---

[1] Walter Benjamin, Franz Kafka, in: ders., Angelus Novus. Ausgewählte Schriften II, Frankfurt 1966, S. 248–265, hier: S. 250.
[2] Benjamin, Franz Kafka, S. 256.

lin, München und Straßburg startete. Beide waren als Juristen aber in den konstitutionellen Verhältnissen vor 1918 sozialisiert und akademisiert: Kafka in der Habsburger Doppelmonarchie, Schmitt im Spätwilhelminismus. Einige Texte Kafkas erörtern rechtshistorische Fragen. So thematisiert *Zur Frage der Gesetze* den Übergang von der traditionalen Herrschaft zum Glauben, »daß das Gesetz nur dem Volke gehört und der Adel verschwindet« (KBK 92). *Beim Bau der chinesischen Mauer* beschreibt die Agonie eines ohnmächtigen Kaiserreiches, den Zustand, »daß wir im Grunde gar keinen Kaiser haben« (KBK 81). Schmitt konstatierte schon für die Lage nach 1848 den Bruch mit der »dynastischen Legitimität«. Beide erfuhren die »bürokratische Herrschaft«, mit Max Weber gesprochen, als Problem. Beide sahen auch gravierende Folgen des Weltkriegs für den »bürgerlichen Rechtsstaat«: Schmitt konstatierte eine Wendung zur »Diktatur«, Kafka berechnete die gestiegenen Kosten für seine Versicherung. Mit dem Namen »Weber« ist die verwandte Ausgangslage bei der Erfassung des modernen Staates näher bezeichnet: Kafka promovierte 1906 unter Beteiligung von Alfred Weber, der die Bürokratisierungsdiagnose seines Bruders weitgehend teilte; Schmitt saß später bei Max Weber in München in der Vorlesung wie im Seminar und kann als »legitimer« Schüler und Erbe betrachtet werden.

Ist die »bürokratische Herrschaft« für beide eine prägende Erfahrung, so lassen sich die gegenstrebigen Antworten des Dichters und des Staatsrechtlers in erster Annäherung mit den Stichworten »Dämonisierung« und »Dekonstruktion« bezeichnen. »Dekonstruktiv« heißen argumentative Verfahren immanenter Kritik diverser Widersprüche, Dämonisierung meint die Zuschreibung von Geschehen an personifizierte transzendente Mächte (»böse Geister«). Wo Kafka in seinen nachgelassenen, von Max Brod gegen die testamentarische Verfügung[3] posthum publizierten Romanen Recht und Staat satirisch als unergründlichen »Prozess« und »Schloss« imaginierte, kritisierte Schmitt die herrschende »Legalität« um einer anderen »Legitimität« willen, die er bald auch in Frage stellte[4] und mit dem alttestamentarischen »Symbol« des »Leviathan« bezeichnete. Kafkas Dämonisierung und Schmitts Dekonstruktion des modernen Verfassungsstaates werden hier in ein Gespräch gebracht, um Schmitts Sicht der Nachkriegslage zu erhellen, nach den Grenzen dieser Sicht zu fragen und die Idee des Verfassungsstaates gegen die Verfassungswirklichkeit zu verwahren.

---

[3] Abdruck: KP 315ff.
[4] Dazu Verf., Carl Schmitts Gegenrevolution, Hamburg 2021; vgl. ders, Carl Schmitt zur Einführung, 1992, 6. Aufl. Hamburg 2021; Carl Schmitt. Aufstieg und Fall. Eine Biographie, 2009, 2. überarb. Aufl. München 2022; Anregungen zum Text danke ich Peter Trawny, Florian Meinel, Uwe Steiner und Silvio Vietta.

Schmitt hat die historisch-politische Rezeption und Deutung von Dichtung 1956 mit seiner Schlüsselschrift *Hamlet oder Hekuba* verteidigt. Die Grenzen eines solchen Zugriffs werden hier nicht diskutiert, die gewaltige Kafka-Forschung[5] wird nur gelegentlich zitiert und eine starke hermeneutische Festlegung von Kafkas »Hinterlassenschaft« (Gadamer) auf einen einfachen Sinngehalt gemieden. Adorno[6] sprach in seinen *Aufzeichnungen zu Kafka* bereits von einer »Parabolik, zu der der Schlüssel entwendet ward«; Gadamer schrieb:

Die Diskussion um die Romane von Kafka beruht zuletzt darauf, daß Kafka in seinen Dichtungen auf eine unbeschreiblich gelassene, kristallen klare und ruhige Art eine alltägliche Welt aufzubauen weiß, deren scheinbare Vertrautheit, mit einer rätselhaften Fremdheit gepaart, den Eindruck erweckt, als wäre da alles nicht es selbst, sondern meinte etwas anderes. Gleichwohl gibt es hier keine deut-

---

[5] Aus der Reihe der Standardwerke nenne ich hier nur: Peter-René Alt, Franz Kafka. Der ewige Sohn, München 2005; Benjamin über Kafka. Texte, Briefzeugnisse, Aufzeichnungen, hrsg. Hermann Schweppenhäuser, Frankfurt 1981; Hartmut Binder (Hg.), Kafka-Handbuch, 2 Bde., Stuttgart 1979; Max Brod, Kafkas Glaube und Lehre, München 1948; Gilles Deleuze / Felix Guattari, Kafka. Für eine kleine Literatur, Frankfurt 1976; Reiner Stach, Kafka, 3 Bde., Frankfurt 2002/2014; Johannes Urzidil, Da geht Kafka, Zürich 1965.

[6] Theodor W. Adorno, Aufzeichnungen zu Kafka, in: ders., Prismen. Kulturkritik und Gesellschaft, Frankfurt 1955, S. 302–342, hier: S. 304.

baren Allegorien, weil sich der Zerfall des gemeinsamen Deutungshorizontes geradezu als das Geschehen dieser großen Erzählkunst vor uns abspielt. Der Anschein, als ziele hier alles auf Bedeutung und Begriff und auf eine Entschlüsselung, wird selbst nochmals gebrochen. Es wird der bloße Schein der Allegorie dichterisch evoziert, d.h. aber in eine offene Vieldeutigkeit gewendet.[7]

Der folgende Essay sucht keine autorintentionale Deutung Kafkas zu entwickeln; eher ähnelt er einem späten Vortrag Gadamers über den Kafka-Zyklus eines Malers aus dem Jahre 1951, der Anlass gab, »über die vielfältige Problematik von Schuldhaftigkeit und Schuldlosigkeit nachzudenken, sei es in unserer eigenen deutschen Geschichte, sei es in der eigenen Lebensbilanz«.[8] Anders als Gadamer zitierte Schmitt Kafkas »Schuldgeschichte« apologetisch. Im Buch *Carl Schmitts Gegenrevolution* (2021) habe ich detailliert ausgeführt, wie Schmitts polemische Strategie »Legitimität gegen Legalität« nach Destruktion des »bürgerlichen Rechtsstaats« im Nationalsozialismus an einen Nullpunkt von Legalität und Legitimität gelangte. Der folgende Essay knüpft daran an, adressiert sich als Beitrag zur Rechts-

---

[7] Hans-Georg Gadamer, Dichten und Deuten (1961), in: ders., Gesammelte Werke Bd. VIII: Kunst als Aussage, Tübingen 1993, S. 18–24, hier: S. 22.

[8] Hans-Georg Gadamer, Kafka und Kramm (1991), in: ders., Gesammelte Werke Bd. IX: Hermeneutik im Vollzug, Tübingen 1993, S. 353–361, hier: S. 361.

skepsis von Schmitts Spätwerk auch an die Schmitt-Forschung und möchte darüber hinaus ein Mosaikstein zur politischen Rezeptionsgeschichte Kafkas nach 1945 sein.

## II. Zweierlei Karrieren

Mancher findet die Verknüpfung von Kafka mit Schmitt vielleicht geradezu obszön. Was hat der sarkastische Poet schon mit dem gelernten Strafrechtler, Staatsrechtsprofessor und »Kronjuristen« gemein? Schmitt gehörte doch zum »Schloss«! Anfragen K.'s hätte er in amtlicher Funktion nicht beantwortet. Als der Freiburger Kollege Fritz Pringsheim, ein Schwager Thomas Manns, 1935 exkludiert, den »Staatsrat« am 30. November 1933 als »Lehrer des Römischen Rechts« auf seine Polemik ansprach, antwortete der umgehend: »Ich möchte mich nicht von Ihnen vernehmen lassen. Über meine wissenschaftlichen Ansichten unterrichten meine Veröffentlichungen.«[9] Sobald man Schmitts *Gesammelte Schriften 1933–1936* zur Kenntnis nimmt, wachsen die Bedenken, Vorbehalte und Aversionen. Schmitt bejahte die »Wendung zum totalen Staat« als Ent-

[9] Schmitt am 4.12.1933 an Fritz Pringsheim, in: Fritz Pringsheim, Die Haltung der Freiburger Studenten in den Jahren 1933–1935, in: Die Sammlung 15 (1960), S. 532–538, hier: S. 534.

wicklung zum »Einparteienstaat«. So meinte er: »Der Nationalsozialistischen Partei ist es gelungen, den pluralistischen Parteienstaat zu überwinden und den Ein-Parteien-Staat durchzusetzen.« (GS 37, vgl. 82, 336f) Er pries *Das gute Recht der deutschen Revolution,* gab schon im Mai 1933 zu bedenken, ob den »deutschen Intellektuellen« – Schmitt meint das höhnisch, weil er »keinen einzigen großen Gelehrten« kennt, der ernsthaft als Intellektueller definiert werden könne – nicht die »Staatsangehörigkeit durch ein Gesetz abzuerkennen« (GS 32) sei. Zum Reichstagsbrandprozess gegen van der Lubbe schrieb er, »daß wir mit diesem Respekt vor den formalen Einrichtungen des Rechtsstaats bis an die Grenze offenen Unrechts« (GS 139) gegangen seien. Wenigstens bis 1941, bis zum Russlandfeldzug, scheint er alles zu rechtfertigen, auch den Antisemitismus und Rassismus der Nürnberger Gesetze, die er – mit dem Titel des Parteitags von 1935 – zynisch als »Verfassung der Freiheit« bezeichnete.

Schmitt dekretiert damals, das »völkische Recht« sei »nicht universal, nicht international, nicht imperialistisch, nicht aggressiv« (GS 374). Eine »aggressive« Ignorierung der deutschen Rassegesetze im Ausland – »will etwa ein Jude deutscher Staatsangehörigkeit in Straßburg ein deutsches Mädchen« (GS 383) heiraten – lehnt er ab und versäumt nicht, auf »das Verbot der Rassenmischehe zwischen Negern und Weißen« (GS 382) in Louisiana hinzuweisen. Zum Entwurf einer neuen Strafverfahrensordnung meint er grundsätzlich: »Das Strafverfahrensrecht ist ein Stück Verfassungsrecht.« (GS 432) Es gilt der Primat des »Führergrundsatzes«; Hitler sei »oberster Gerichtsherr der Nation« (GS 465), sein Wille sei Gesetz. Der Führergrundsatz müsse »das Verfahren als Ganzes ergreifen«; Urteile seien im Sinne des Nationalsozialismus zu sprechen. Schmitt trennt damals strikt zwischen dem liberalen »Gesetzesstaat« und dem nationalsozialistischen »Gerechtigkeitsstaat«, der »unmittelbare Gerechtigkeit« als »Führerstaat« willkürlich und terroristisch exekutiert. 1938 nennt er ihn einen »Leviathan«. Nach 1945 wird er die Machtergreifung des Staates durch eine totalitäre Partei als feindliche Übernahme kritisieren. Seine Option für die NS-Diktatur hat aber eine lange Vorgeschichte: Schon im Ersten Weltkrieg, als Soldat in der Münchner Heeresverwaltung, sah Schmitt den Zug zur Diktatur und das Ende des langen bürgerlichen Zeitalters und seines Rechtsstaats kommen; er diagnostizierte den Wandel bereits 1916 in seinem Straßburger Habilitationsvortrag als »Einwirkung des Kriegszustandes auf das ordentliche strafprozessuale Verfahren«.[10] Schmitt begann

---

[10] Carl Schmitt, Die Einwirkung des Kriegszustandes auf das ordentliche strafprozessuale Verfahren, in: Zeitschrift für die gesamte Strafrechtswissenschaft 38 (1916), S. 783–797; Wiederabdruck in ders., Über Schuld und Schuldarten, 2. Aufl., Berlin 2017, S. 152–164; Kafka hat damals Konsequenzen der Kriegslage für das Versicherungswesen erörtert: Kriegslage, Gefahrenklassen-Einreihung und

als Strafprozessrechtler seine akademische Karriere. Tendenzen zur Abkehr vom liberalen Verfahrensrecht sah er schon früh.

Kafka arbeitete damals bereits als Jurist. Zum Wintersemester 1901/2 hatte er sein Jura-Studium an der Deutschen Karls-Universität in Prag begonnen.[11] Zum Wintersemester 1902/3 wechselte er für ein Semester nach München, wo Schmitt wenige Jahre später (SS 1908) ebenfalls ein Semester – zwischen den Stationen Berlin und Straßburg – verbrachte. 1906 schloss Kafka sein ungeliebtes Jura-Studium mit eher bescheidenen Leistungen in Prag ab; es folgten ein Praktikum in einer Kanzlei, die mündliche Promotionsprüfung (ohne Dissertationsschrift) und eine Art Referendariat: ein Jahr bei Prager Gerichten. 1907 begann er dann seine Angestelltenfron und sein Doppelleben als nachtaktiver Dichter in der Prager Filiale der Assicurazioni Generali; 1908 wechselte er zur AUVA (Arbeiter-Unfallversicherungsanstalt). Während des Studiums besuchte er auch Veranstaltungen in der Prager Philosophie, die von Franz Brentano, einem Vater der »Phänomenologie«, stark beeinflusst war: bei Christian v. Ehrenfels, Anton Marty und Emil Arleth. Wenigstens drei befreundete (jüdische) Klassenkameraden Kafkas: Emil Utitz (1883–1956), Erich Frank (1883–1949)

---

Unfallverhütung, in: Franz Kafka, Amtliche Schreiben, hrsg. von Klaus Hermsdorf, Berlin (Ost) 1984, S. 281–294.

[11] Amtliche Auflistung der besuchten Veranstaltungen in: Franz Kafka, Amtliche Schreiben, S. 394–396.

und Hugo Bergmann (1883–1975) wurden später Philosophieprofessoren.[12] Diese philosophischen Prägungen auch durch den Freundeskreis sind nicht zu unterschätzen, wenngleich Kafkas anschauliche Prosa explizites Philosophieren bewusst mied.

Die Kafka-Forschung hebt unter den akademischen Lehrern gerne den Strafrechtler Hans Groß (1847–1915)[13] hervor, einen – damals nur wenige Jahre in Prag lehrenden – Pionier der Kriminalistik, der 1913 seinen kokainsüchtigen Sohn Otto Groß (1877–1920) in die Psychiatrie einweisen und entmündigen ließ. Kafka belegte bei Groß in vier Semestern Strafrecht, Strafprozessrecht, Geschich-

---

[12] Erich Frank wird als Klassenkamerad genannt von Hans-Joachim Schoeps in: ders., (Hg.), Im Streit um Kafka und das Judentum. Der Briefwechsel zwischen Max Brod und Hans-Joachim Schoeps, Königstein 1985, S. 65 (Schmitt korrespondierte mit Schoeps); Utitz' Kafka-Erinnerungen, in: Ethik nach Theresienstadt. Späte Texte des Prager Philosophen Emil Utitz (1883–1956). Herausgegeben, eingeleitet und kommentiert von Reinhard Mehring, Würzburg 2015, S. 179–183; vgl. Verf., Philosophie im Exil. Emil Utitz, Arthur Liebert und die Exilzeitschrift »Philosophia«. Dokumentation zum Schicksal zweier Holocaust-Opfer, Würzburg 2018; Utitz erinnerte rückblickend aber mehr an Kisch, über den er eine Biographie schrieb (Egon Erwin Kisch, der klassische Journalist, Berlin 1956), Frank an Rilke (Rilke, der Dichter der ›Existenz‹, in: Erich Frank, Wissen, Wollen, Glauben. Gesammelte Aufsätze, Zürich 1955, S. 289–308).

[13] Hans Groß, Criminalpsychologie, Graz 1898; Encyklopädie der Kriminalistik, Leipzig 1901; Gesammelte kriminalistische Aufsätze, Leipzig 1902.

te der Rechtsphilosophie und ein strafrechtliches Seminar. 1917 besuchte dessen Sohn einmal Kafka in Prag. Otto Groß zog anarchistische Konsequenzen aus der Psychoanalyse, als ein Vorgänger von Wilhelm Reich.[14] Der Fall beeindruckte nicht nur Kafka, sondern auch Max Weber, Robert Musil und Schmitt, der Groß in seiner Programmschrift *Politische Theologie* als Erben Bakunins und zeitgenössischen Vertreter der Politischen Theologie des Anarchismus erwähnte.[15] Hans Groß, der Kriminalist, war kein Vertreter der »reinen« Rechtslehre und rechtsdogmatischen Methode; er war ein theoretisch anspruchsloser Praktiker, der psychologische und anthropologische Befunde relativ unkritisch einbezog. Sein Lehrbuch der *Criminalpsychologie* bietet eine »Zusammenstellung aller Lehren der Psychologie, welche der Criminalist bei seiner Arbeit nothwendig hat«.[16] Es sammelt diverse Befunde zur »psychischen Thätigkeit« des Richters wie des »Vernommenen« und interessiert sich also für die

---

[14] Aus der umfangreichen Literatur Emanuel Hurwitz, Otto Groß. Paradies-Sucher zwischen Freund und Jung, Frankfurt 1979; Thomas Anz / Christina Jung (Hg.), Der Fall Otto Groß. Eine Pressekampagne deutscher Intellektueller im Winter 1913/14, Marburg 2002; Edition seiner Schriften bei Kurt Kreiler (Hg.), Otto Groß. Von geschlechtlicher Not zur sozialen Katastrophe, Frankfurt 1980.

[15] Dazu vgl. Hansjörg Viesel (Hg.), Jawohl, der Schmitt. Zehn Briefe aus Plettenberg, Berlin 1988.

[16] Hans Groß, Criminalpsychologie, Graz 1898, S. VI.

psychische Dynamik einer prozessualen Vernehmung: das Drama des Verfahrens. Im *Archiv für Kriminal-Anthropologie und Kriminalität* publizierte Groß[17] 1912 eine flüchtige Kurzrezension von Schmitts Dissertation *Über Schuld und Schuldarten*.
Kafka arbeitete als Jurist. Fast gleichzeitig setzten seine literarischen Publikationen ein. Er führte also ein Doppelleben und eine doppelte Autorschaft, erhob die »Gleichgültigkeit« (KHL 207) zum Berufsethos und erklärte seine »Gesamtarbeitsleistung« (KHL 205) für »winzig«. Am »Beamtenschreibtisch« (KHL 188) musste er das geltende Recht anwenden und dabei die Interessen seiner Firma vertreten. Er gehörte also zum »Schloss« und argumentierte in seinen – edierten – amtlichen Schriften anders als in seinem dichterischen Werk. Er kannte den »Funktionsmodus« (Schmitt) der »bürokratischen Herrschaft« (Max Weber) und agierte in seinem dienstlichen Verkehr, jenseits seiner persönlichen Neigungen, als einer der »neuen Advokaten«, die er in seinen Dichtungen als übermächtige Herrscher dämonisierte. Schmitt war zweifellos ein Apologet des »totalen Staates«; er war Täter. Auch Kafka aber war als leitender Angestellter ein Vollstrecker der »bürokratischen Herrschaft«. Seine Dichtung torpedierte diese berufliche Tätigkeit, indem sie

---

[17] Archiv für Kriminal-Anthropologie und Kriminalität 47 (1912), S. 180; Wiederabdruck in: Carl Schmitt, Tagebücher 1912 bis 1915, hrsg. Ernst Hüsmert, Berlin 2003, S. 367.

die Rationalität und Rechtssicherheit der Verfahren dementierte. Ein juristischer Interpret meinte dazu allzu richterlich:

> Dr. jur. Franz Kafka war Beamter in Reinkultur, ein Rädchen in dem von ihm so gefürchteten anonymen Apparat. [...] Nicht ein Leiden am Recht, sondern ein peinigendes Schuldgefühl hinsichtlich der eigenen Existenz als Bürokrat ist demnach mit ein Auslöser und gleichzeitig wesentlicher Inhalt seines großen literarischen Werkes.[18]

Gutachterliche Stellungnahmen zur Ausweitung der Versicherungspflicht und »Maßnahmen zur Unfallverhütung«, tariflichen Einstufung und Bearbeitung von Einsprüchen, Sorgen um »Beitragsrückstände«, wie sie sich in Kafkas amtlichen Schriften finden, dienen selbstverständlich nicht nur dem Wohl der »Arbeiter«, für die sich Kafka mit »sozialistischen« Neigungen vielfach einsetzte, sondern auch dem wirtschaftlichen Erfolg der »Prager Anstalt«. Dabei betrachtete Kafka den Weltkrieg als einen »Krieg der Nerven«[19] und nannte sein »Lungenleiden« auch eine »Nervenkrankheit«.[20] Seine amtlichen Schreiben deuten auf – an heutigen Standards gemessen – sehr erträgliche Arbeitsbedingungen und einen entgegenkommenden Arbeitgeber hin, der Kafka

---

[18] Zur Juristenbiographie vgl. Jörg Tenckhoff, Leiden am Recht. Franz Kafka, Dichter und Jurist, in: JuristenZeitung 55 (2000), S. 1143–1152, hier: S. 1152.
[19] Kafka, Amtliche Schreiben, S. 295.
[20] Kafka, Amtliche Schreiben, S. 320.

gegenüber den Militärbehörden für »unentbehrlich«[21] erklärte. Kafka pflegte gute Beziehungen zu seinem Chef, Dr. Robert Marschner, rezensierte dessen Publikation über die »Mutterschaftsversicherung« positiv und pries den »Fachmann« anlässlich seiner Beförderung überschwänglich als Muster unparteilicher »Gerechtigkeit«:

Daß der Vorstand der Anstalt inmitten verschiedenster Einflüsse nur sachlichen Gründen folgte und damit zu dieser glücklichen Wahl gelangte, dafür gebührt ihm der gemeinsame Dank aller: der Regierung, der Unternehmer, der Arbeiter und der Beamtenschaft. Klagen gegen die Anstalt, gerechte und ungerechte, haben sich im Laufe der Jahre angehäuft, eines ist jetzt sicher: es wird gute Arbeit geleistet werden, und was innerhalb der heutigen Gesetze an verlangten und nützlichen Reformen möglich ist, es wird geschehen. (KHL 429)

Meint Kafka das ironisch? Was hätte er im Roman aus solchen Sätzen gemacht?

---

[21] Kafka, Amtliche Schreiben, S. 402.

## III. Kritiker des Rechtspositivismus

Kafka war kein verkannter, erst posthum anerkannter Dichter;[22] er publizierte ab 1908 in Verlagen der literarischen Avantgarde – wie Rowohlt und Kurt Wolff – und bündelte einige seiner Stücke in drei schmalen Sammlungen: *Betrachtungen* (1913), *Ein Landarzt* (1920) und *Ein Hungerkünstler* (1924). Er strebte also nach selbständigen Publikationen und eigenständigen Büchern, weshalb seine Nachlassverfügung zur Vernichtung seiner Romane auch verwundert. Adorno meinte: »Nur wer aus den schwarzen Broschüren Kurt Wolffs, dem ›Jüngsten Tag‹, das ›Urteil‹, die ›Verwandlung‹, das ›Heizer‹-Kapitel kennt, hat Kafka in seinem authentischen Horizont erfahren, dem des Expressionismus.«[23] Der Dichter als »Landarzt«: Die Metapher spielt auf das alte sokratische Verständnis vom Philosophen

---

[22] Dazu vgl. Thomas Mann, Verkannte Dichter unter uns?, in: ders., Die Forderung des Tages. Reden und Aufsätze aus den Jahren 1925–1929, Berlin 1929, S. 371–375.
[23] Theodor W. Adorno, Aufzeichnungen zu Kafka, in: ders., Prismen, 1955, S. 326.

als »Arzt« der »Seele« an. Die *Landarzt*-Sammlung, die wohl wichtigste Selbstdarstellung des Autors vor der Mitwelt, eröffnet mit einem Stück *Der neue Advokat* und enthält die berühmte Parabel *Vor dem Gesetz*, die schon durch ihre Aufnahme in den nachgelassenen Roman *Der Prozess* besonders exponiert ist. Andere Prosastücke deuten weitere juristische Themen an: vor allem die Novelle *In der Strafkolonie,* die Reformen im Strafvollzug thematisiert und kolonialistischen Terror kritisiert, aber auch *Das Urteil* von 1912, in der ein Vater seinen Sohn »zum Tode des Ertrinkens« (KE 67) verurteilt: ein Urteil, das der Sohn »wie ein Hungriger« umgehend selbst zu vollstrecken scheint, indem er sich in einem letzten Beweis seines Gehorsams, als Liebesbeweis gegenüber dem Vater, von einer Brücke – man denkt an die Karlsbrücke unweit von Kafkas Wohnhaus – »herabfallen« lässt.

Kafkas nachgelassene Romantrilogie scheint ebenfalls juristische Themen zu bearbeiten; Recht und Staat sind dort satirisch verfremdet als »Prozess« und »Schloss« gefasst. *Der Prozess* – Fassung Max Brod, laut Handschrift: *Der Proceß* – gibt, politisch gedeutet, erste Einblicke in den Totalitarismus als Religion des 20. Jahrhunderts.[24] Der Roman *Der*

---

[24] So knapp und prägnant Silvio Vietta, Der europäische Roman der Moderne, München 2007, S. 130–171; ders., Macht. Eine kleine Kultur- und Universalgeschichte der Menschheit von den Anfängen bis heute, Würzburg 2021, S. 210ff.

*Verschollene,* von Max Brod unter dem Titel *Amerika* publiziert, als erstes Fragment früher entstanden, evoziert einen Fluchtraum: den Sehnsuchtsort »Amerika«, in dem der Protagonist oder Delinquent, anders als in *In der Strafkolonie,* individuelle Rettung wenigstens noch erstreben kann. Brod wollte mit dem Titel *Amerika* und Abschluss des Fragments mit dem Kapitel *Das Naturtheater von Oklahoma* wohl eine Art positive Utopie anbieten: Karl Roßmann, von seiner Familie aus Europa verstoßen, kommt mit dem Schiff in New York an, wird von seinem Onkel fortgejagt, gerät an falsche Freunde und »Kameraden«: den Iren Robinson und den Franzosen Delamarche, die ihn als »Diener« (Bruneldas) gefangen halten, und gelangt plötzlich – das Romanfragment hat gerade hier eine »Lücke« (Max Brod) – über eine »Werbetruppe« – als »Negro, technischer Arbeiter« (KA 324) – in den Zug zum »Naturtheater von Oklahoma«, das eigentlich jeden als »Künstler« (KA 305) engagiert. Max Brod schreibt im Nachwort, dass der Roman »versöhnlich« enden sollte. Ins Tagebuch notierte Kafka aber am 30. September 1915: »Roßmann und K., der Schuldlose und der Schuldige, schließlich beide unterschiedslos strafweise umgebracht, der Schuldlose mit leichterer Hand, mehr zur Seite geschoben als niedergeschlagen.« (KTB 481) Der Schlusssatz des *Amerika*-Fragments konfundiert – wie in *Der Verschollene* – Land und Meer auch eher apokalyptisch:

Zerrissene Täler öffneten sich, man beschrieb mit den Fingern die Richtung, in der sie sich verloren, breite Bergströme kamen, als große Wellen auf dem hügeligen Untergrund eilend und in sich tausend kleine Schaumwellen treibend, sie stürzten sich unter die Brücken, über die der Zug fuhr, und sie waren so nah, daß der Hauch ihrer Kühle das Gesicht erschauern machte. (KA 331)

Oklahoma liegt nördlich von Texas im Mittelwesten; es gehört erst seit 1907 als 46. Bundesstaat förmlich zu den USA. Zuvor war es ein Indianerterritorium, eine Art Reservat und Rückzugsgebiet, das die USA der indigenen Bevölkerung im Prozess der Landnahme gleichsam gestundet hatten. Kafka hat klug entschieden, Roßmann nicht etwa an die Westküste nach Kalifornien zu schicken, das bereits seit 1850 zu den USA gehörte und damals als *Goldrush*-Traum, selbst bei Chaplin, in anderer Weise ein Glücksort war. Kafkas doppeltes Sehnsuchtsversprechen: Amerika und »Naturtheater von Oklahoma«, ist als Komödie eines naturzuständlichen Glücksversprechens vielfach ambivalent konnotiert. Schmitt, der Völkerrechtshistoriker der »Landnahme«, hätte diese Naturzustandskomödie, die Kafka satirisch bewusst wählte, im völkerrechtlichen Status und ihrer macht- und herrschaftlichen Verfassung weiter expliziert und in die Geschichte der »Westlichen Hemisphäre« eingeordnet: der Weltgeschichte Europas und der Europäisierung, die sich spätestens seit »Versailles« als US-amerikanische Dialektik von Interventionsverbot und Pan-Interventionismus realisierte. Im *Nomos der Erde* spricht Schmitt nur noch sarkastisch vom alten »Anspruch Amerikas, das wahre Europa als Hort von Freiheit und Recht zu sein« (NE 266); er nennt dessen »Auserwähltheitsbewußtsein« »ein Kriegspotential ersten Ranges« und meint: »Geistesgeschichtlich stammt das Bewußtsein der Auserwähltheit aus einer calvinistisch-puritanischen Haltung.« (NE 263) Kafka begrub alle Hoffnungen in einem verlorenen Reservat im Mittelwesten, das damals noch keinen Erdölboom kannte und bald in der Großen Depression versank. Sein »Naturtheater« ist kein naturzuständliches Idyll, kein utopischer Raum, obgleich der Exodus des osteuropäischen Judentums damals nach der russischen Revolution wieder verstärkt erfolgte. Es ist nicht die »dritte Welt«, mit dem *Brief an den Vater* zu sprechen, »wo die übrigen Leute glücklich und frei von Befehlen und Gehorchen lebten« (KHL 133); Roßmanns Weg ähnelt eher der Entscheidung des Affen Rotpeter in dessen *Bericht für eine Akademie*: dem Affen mit der »Durchschnittsbildung eines Europäers«, dem »Flucht« kein Sprung in die »Freiheit« war; es blieben nur »zwei Möglichkeiten«:

Zoologischer Garten oder Varieté. Ich zögerte nicht. Ich sagte mir: setze alle Kraft an, um ins Varieté zu kommen; das ist der Ausweg. Zoologischer Garten ist nur ein neuer Gitterkäfig; kommst du in ihn, bist du verloren. (KE 194; KDL 311)

Der Bürger ist in Kafkas Welt nur eine Art Freigänger, ein dressierter und geschickter Varieté-Affe. In der Parabel *Der Aufbruch* reitet ein Herr aus dem Stadttor heraus: »Weg von hier – das ist mein Ziel.« (KBK 114) Betrachtet man Kafkas Literarisierung von Recht und Staat etwas näher, ohne in eine dichte Kommentierung und Interpretation einzutreten, so steht am Eingang der Prosa-Sammlung von 1920 die Alternative Advokat oder Landarzt. Beide scheinen nicht wirklich helfen und retten zu können. Der Landarzt praktiziert unter Todesdrohung: »Und heilt er nicht, so tötet ihn!« (KE 152; KDL 259) Der »neue Advokat« erinnert mit seinem Namen zwar an das »Streitroß Alexanders von Makedonien«; es gibt aber »keinen großen Alexander« mehr: »Niemand kann nach Indien führen« (KE 145; KDL 252), nachdem »Amerika« als Glücksort ausgespielt hat. »Natur« ist nur noch »Theater«: »Heute sind die Tore ganz anderswohin und weiter und höher vertragen.« (KE 145; KDL 252) Wie sie stehen, scheint Kafka damals mit seiner Parabel *Vor dem Gesetz* anzudeuten.

Das ganze Advokatengeschäft: Gesetz, Urteil, Prozess und Strafe ist in seinem Prosawerk titelgebend präsent. Wie Schmitt ist Kafka, nach seinen Alltagserfahrungen als Jurist, aber ein Kritiker eines Rechtspositivismus, der Recht als Gesetz begreift, eine lückenlose Einheit des Rechtssystems unterstellt und Urteile und Strafen als mehr oder weniger zwingend logische Konsequenzen betrachtet. Kafkas Parabel *Vor dem Gesetz* scheint keine Legalität, sondern ein moralisches Gesetz zu bezeichnen, eine Selbstverpflichtung, die eigenes Handeln fordert. Man kennt den Text: »Vor dem Gesetz steht ein Türhüter.« (KE 158; KDL 267) Ein Mann »vom Lande« bittet um »Eintritt«. Der Mann steht vor dem Türhüter wie Parsifal vor dem Gral; anders als der »tumbe Tor« fragt er zwar, tritt aber nicht ein. Hätte er es doch getan! Auf eigenes Risiko, ohne auf den Türhüter zu achten. Der verkündigt dem Sterbenden am Ende nach Jahren: Der »Eingang war nur für dich bestimmt«. Dem Wartenden fehlte der Mut, der in der Landarzt-Novelle mit einer alten platonischen Metapher (aus dem *Phaidros*) emblematisch als »Pferd« angesprochen wird: als das Pferd, das der Advokat Dr. Bucephalus – wie auch der *Amerika*-Held Roßmann – im Namen trägt und der Landarzt eher zufällig erhält.

Philip Manow knüpfte seine prägnante Annäherung von Kafka und Schmitt, einen der wenigen substantiellen Beiträge zum Thema, an die Begriffsgeschichte des cancellarius, des Kanzlisten, der ursprünglich »Türsteher« war. »Schmitt wie Kafka, zwei Kanzlisten, leitet dasselbe Interesse, sie verfolgen die gleiche Frageperspektive«, schreibt Manow: »Beide arbeiten an der Archäologie eines Wissens von der Autorität«[25] und »Personalisierung

---

[25] Philip Manow, Mit Kanzlisten gegen Kanzlisten denken, in: Merkur 74 (2020), Heft 857, S. 20–32, hier: S. 28.

des Rechts«,[26] die die diktatorische Vollstreckung von Urteilen herausstreicht. Schmitt thematisierte seit seiner Frühschrift *Gesetz und Urteil* (1912) die Notwendigkeit einer Entscheidung: Das Gesetz bedarf eines irreduziblen Urteils, das auf Vollstreckung zielt. Gesetz, Urteil und Strafe haben ihre je eigene Logik. Recht und Moral ist zweierlei. Zwischen Schuld und »Schuldarten«, so wusste der gelernte Strafrechtler seit seiner Promotion,[27] ist auch zu unterscheiden: Schuld geht das Recht gar nichts an. Die Legalität ist eine juristische Konstruktion, ein positivierter Wille des Gesetzgebers. Zeitlebens kritisierte Schmitt die »rechtspositivistische« Gleichsetzung von Recht und Gesetz und betonte die politischen Rahmenbedingungen justizstaatlicher Formierung.

Die Frühschrift *Gesetz und Urteil* definierte: »Eine richterliche Entscheidung ist heute dann richtig, wenn anzunehmen ist, daß ein anderer Richter ebenso entschieden hätte. ›Ein anderer Richter‹ bedeutet hier den empirischen Typus des modernen rechtsgelehrten Juristen.«[28] Schmitt verweist die Rechtssicherheit auf das Justizwesen: die Rechtsausbildung und das ständische Ethos, die herrschende

---

[26] Manow, Mit Kanzlisten, S. 21.
[27] Carl Schmitt, Über Schuld und Schuldarten. Eine terminologische Untersuchung, Breslau 1910.
[28] Carl Schmitt, Gesetz und Urteil. Eine Untersuchung zum Problem der Rechtspraxis, 1912, München 2. Aufl. 1969, S. 71.

Meinung und geläufige Praxis der Richterschaft. Die damals entstehende Rechtssoziologie beschrieb diese Funktionselite näher und sprach für deren Befangenheiten von »Klassenjustiz«. Schmitt hielt an der Auslegung der Rechtssicherheit als Richterethos zeitlebens fest und suchte die Rechtssicherheit im nationalsozialistischen »Führerstaat« und »Gerechtigkeitsstaat« (GS 289) von der »Gleichschaltung« der Justiz her zu fassen. Mit seinem »Begriff des Politischen«[29] betonte er das »Risiko« politischer Entscheidungen und Unterscheidungen, nannte den Menschen einen »Sohn der Erde«[30] und »Landtreter« und knüpfte die Chance relativer »Hegung« und Pazifizierung von Feindschaft an die Voraussetzung imperialer Räume.

Kafka und Schmitt waren beide keine Anhänger des Rechtspositivismus. Gustav Radbruch[31] unterschied damals »Antinomien der Rechtsidee«: Gerechtigkeit, Rechtssicherheit und Zweckmäßigkeit: Recht ist oft nicht sonderlich funktional und zweckmäßig; Rechtssicherheit und Gerechtigkeit konfligieren miteinander, weil die »Gerechtigkeit« egalitär in Gesetzesform formuliert wird, unter dem Postulat der Allgemeinheit des Gesetzes, ohne hin-

---

[29] Carl Schmitt, Der Begriff des Politischen, München 1932.
[30] Carl Schmitt, Land und Meer. Eine weltgeschichtliche Betrachtung, Leipzig 1942.
[31] Gustav Radbruch, Grundzüge der Rechtsphilosophie, Leipzig 1914; Rechtsphilosophie, hrsg. von Erik Wolf, Stuttgart 6. Aufl. 1963, S. 168ff.

reichend individualisiert zu werden. Jedem das Seine als jedem das Gleiche? Platon unterschied bereits zwischen dem idealen Gerechtigkeitsstaat und der »zweitbesten« Lösung des Gesetzesstaates. Kafka wie Schmitt trennten beide zwischen Recht und Gerechtigkeit, betrachteten den modernen Staat als Leviathan und erneuerten die Idee der Gerechtigkeit utopisch und religiös in der dystopischen Zeichnung der Verhältnisse.

*IV. Ein Freund: Franz Blei*

Kafka hat die damalige rechts- und staatstheoretische Literatur nach seiner Promotion kaum zur Kenntnis genommen und die damals erscheinenden Schriften von Schmitt, Kelsen oder anderen Hauptvertretern der Grundlagendiskurse nicht gelesen. Als er 1924 starb, lagen die ersten Programmschriften Schmitts aber bereits vor. Während Kafka sich in der Prager Avantgarde bewegte, die sich jenseits von Wien und Berlin auch an Frankreich orientierte und vom Symbolismus und Jugendstil geprägt war, hatte Schmitt spätestens seit seiner frühen Bekanntschaft (1912) mit dem expressionistischen Dichter Theodor Däubler[32] ein eigenes Avantgarde- und Originalitätsbewusstsein, das sich in den Münchner Jahren 1915 bis 1921 in einem Spagat zwischen Militärdienst und Bohème weiter schärfte. Beide, Kafka wie Schmitt, waren ausgeprägte Ästheten und Avantgar-

---

[32] Carl Schmitt, Theodor Däublers *Nordlicht*. Drei Studien über die Elemente, den Geist und die Aktualität des Werkes, München 1916.

disten. Während Kafka sich in seinem Werk allerdings sehr bewusst auf die Prosa konzentrierte und von kleinen Formen ausgehend zum Roman strebte, trennte Schmitt als Wissenschaftler stärker zwischen der juristischen Erfassung der Verfassungswirklichkeit und ihrer »epischen« Dichtung. Frühe Lektüren und Bemerkungen zu Kafka sind nicht bekannt. Kafkas große Romane erschienen allerdings erst Mitte der 1920er Jahre (*Der Prozess*, 1925; *Das Schloss*, 1926; *Amerika*, 1927), als Schmitt sich auf seine juristische Profession konzentrieren und auf »schöngeistige« Nebenwerke verzichten musste. Kafka war zu Lebzeiten bestenfalls ein Geheimtipp; Schmitt nahm die einschlägigen Publikationen der Avantgarde aber durchaus zur Kenntnis. Mehr noch: Er war spätestens seit 1917 mit dem bedeutenden Publizisten Franz Blei (1871–1942) eng befreundet, der Kafka näher kannte und frühe Prosastücke in seiner Zeitschrift *Hyperion* publiziert hatte. Es wäre geradezu verwunderlich, wenn Blei vor 1933 niemals mit Schmitt über Kafka und dessen einsetzenden Ruhm gesprochen haben sollte. Dafür gibt es aber keine Belege: Schmitts Tagebücher enthalten bis 1934 keine Bemerkungen zu Kafka, die Freundschaft mit Blei zerbrach 1933 an der nationalsozialistischen Entscheidung; Blei emigrierte nach Spanien, später in die USA.

Kafka hat gleich zwei seiner wenigen frühen Rezensionen Franz Blei gewidmet, als Gegengabe zu dessen Veröffentlichung von Kafkas ersten Texten.

Die Rezension *Ein Damenbrevier*[33] hebt hervor, dass Blei seinem weiblichen Publikum eigentlich »Kanten zum Erschrecken« biete: einen »Beichtspiegel«. Kafkas Rezension der von Blei herausgegebenen Zeitschrift *Hyperion* ist dann ein Schlüsseltext, weil er hier, wie zuletzt in *Josefine, die Sängerin,* sein Verhältnis zum »Volk« und Publikum erklärt. Die Rezension beginnt:

Die Zeitschrift Hyperion hat ihre Arbeit halb gezwungen, halb freiwillig beendet und ihre zwölf wie Steinplatten großen weißen Hefte sollen jetzt abgeschlossen sein. Unmittelbar erinnern an sie nur noch die Hyperion-Almanache 1910 und 1911, um die sich das Publikum wie um die unterhaltenden Reliquien eines unbequemen Toten reißt. Der wesentliche Herausgeber war Franz Blei, dieser bewunderungswerte Mann, den die Heftigkeit und noch mehr die Mannigfaltigkeit seiner Talente in die dichteste Literatur hinaustreibt, wo er sich aber nicht befreien und halten kann, sondern mit verwandelter Energie zu Zeitschriftengründungen entläuft. (KE 316)

Zuvor hatte Blei die Zeitschriften *Der Amethyst* und *Die Opale* herausgegeben, später *Der Zwiebelfisch, Der lose Vogel, Summa* und *Die Rettung.* Schmitt las diese Zeitschriften und publizierte drei wichtige frühe Texte in der *Summa,* die Kafka auch auf einer Leseliste aufführte,[34] sodass er vielleicht

---

[33] Kafka, Ein Damenbrevier, in: Der neue Ring 38 (1909), Nr. 2, S. 62; Wiederabdruck in: KDL 381–384.
[34] So zitiert es Max Brod im Anhang KHL 446.

Schmitt-Texte gelesen hat. Kafka schreibt – aus persönlicher Bekanntschaft mit Blei – zum Zweck des *Hyperion*: »Er sollte denen, die an der Grenze der Literatur wohnen, eine große lebendige Repräsentation geben; aber sie gebührte jenen nicht und sie wollten sie im Grunde auch nicht haben.« (KE 317) Kafka zählt sich zu diesen Autoren, die »an der Grenze der Literatur wohnen«. Was könnte damit gemeint sein, wenn nicht ein Trotz gegen die Verselbständigung der Texte vom Leben des Autors? Zum »Unverständnis des Publikums« (KE 318) meint Kafka allerdings überraschend: Das »Unverständnis kann sie [die Autoren] nicht treffen, weil sie dunkel sind, und die Liebe findet sie überall.« Er unterschied in seinem Bekenntnis zur Esoterik also zwischen der »Liebe« und dem »Publikum« und situierte seine Texte »an der Grenze der Literatur«. Seinen Nekrolog beschließt er mit der Prognose, »der unvergessene Hyperion« werde »in zehn oder zwanzig Jahren einfach ein bibliographischer Schatz sein« (KE 318). Das gilt heute gerade für Kafkas Erstveröffentlichungen, die hohe antiquarische Preise erzielen.

Die Rezension ist nicht nur eine wichtige Positionierung zur eigenen Autorschaft, sondern auch ein früher Hymnus auf den ingeniösen Publizisten und Avantgardisten Blei. Carl Schmitt eröffnete seine Würdigung Bleis zu dessen 60. Geburtstag in der *Frankfurter Zeitung* vom 22. März 1931 mit einer Prognose, die in Kenntnis des baldigen Emigrationsschicksals prognostisch und geradezu zynisch klingt: »Welcher Lohn ist dieser Art Geist in Aussicht gestellt und welche Seligpreisung könnte für ihn gelten? Es wird ihm nicht wohlergehen auf Erden.« (TB V 471) Schmitt nennt keine der Herausgeberschaften und Schriften, verwahrt den »Gnostiker« des »redenden Schweigens« nur gegen den Vorwurf literarischer Betriebsamkeit und Parteinahme für eine der »säkularisierten Ersatzkirchen«; Schmitt attestiert Blei die »geistige« Unabhängigkeit und Freiheit: »Er gehört in sein Jahrhundert, aber er ist ihm entgangen, wie er allem entgeht.« (TB V 472) Blei wird Schmitt nach 1933 den Verrat an diesem Maßstab vorwerfen; er wird bitter konstatieren, dass Schmitt zu einer der »säkularisierten Ersatzkirchen« übergelaufen war und die Freiheit des »Geistes«, das Credo der Intellektuellen, verraten hatte. In seiner letzten, 1940 im Exil erschienenen Sammlung *Zeitgenössische Bildnisse* publizierte er die letzte Fassung seiner Abrechnung. Fast verwundert fragte er:

Wie konnte dieser römische, rheinländische, gänzlich unromantische Katholik, der die klassische Schrift ›Römischer Katholizismus und politische Form‹ geschrieben hat, dem Leviathan Staat unterliegen?[35]

---

[35] Franz Blei, Carl Schmitt, in: ders., Zeitgenössische Bildnisse, Amsterdam 1940, S. 21–29, hier: S. 21f.

Blei unterscheidet hier zwischen Schmitts Theorie der Diktatur und der Option für Hitler und den Führerstaat; aus der nahen Bekanntschaft verweist er auf Ressentiment, das Gefühl der »Missachtung seiner Person« sowie die Verführung durch zwei »Nationalsozialisten aus der Intelligenz«: Ernst Jünger und Albrecht Erich Günther.[36] Blei meint:

Schmitts publizistische Tätigkeit seit 1933 beschränkt sich darauf, sein Möglichstes zu tun, sein Theorem vom totalen Staat à tout prix zu halten, unter grössten Opfern des Intellektes.

In der gleichen Sammlung *Zeitgenössische Bildnisse* publizierte Blei abschließend auch ein Portrait Kafkas, das – ähnlich wie das Schmitt-Portrait – ebenfalls mit der persönlichen Bekanntschaft und psychophysischen Verfassung des Autors argumentiert: mit »Schwermut« und »Krankheit«.[37] Als Schlüssel zur Dichtung betrachtet er dabei nicht erst die Tuberkulose: »Ich meine, zur Ausbildung von Kafkas dramatischem Charakter (und so zur Erfüllung seines Sinnes) gab die Magenkrankheit, an der er litt, einen starken Beitrag.«[38] Letztlich betont Blei aber einen religiösen Impetus des Werkes. Er schreibt: »Daß die Wissenschaft transformierte Magie ist,

---

[36] Blei, Carl Schmitt, 1940, S. 25.
[37] Dazu Emil Utitz, Prager Dichtung um 1900 (1956), in: Ethik nach Theresienstadt, 2015, S. 202–206.
[38] Franz Blei, Franz Kafka, in: ders., Zeitgenössische Bildnisse, Amsterdam 1940, S. 328–339, hier: S. 336.

dagegen dürfte sich heute wohl nichts sagen lassen. Aber vielleicht ist auch die Kunst das zivilisierte Substitut für Magie. Aus beiden, Wissenschaft wie Kunst, weht es uns magisch an.«[39] Blei deutet Kafkas Schriften »als äußerste Versuche, der Kunst wieder ihren magischen Charakter zu geben«,[40] und beschließt sein knappes Portrait mit den Sätzen:

Der Dichter war in einer leidenschaftlichen Bewegung, die sein Ganzes erfasste, in die Flamme geflogen. Daher sein letzter Wunsch nach Vernichtung dieser Zeugenschaften seines Fluges. Denn: er hatte in seinem eigenen Verbrennen nur Phantome gesehen wie ›Das Gesetz‹ oder ›das Gericht‹, als vergebliche Versuche der menschlichen Intelligenz, der Verzweiflung wenn nicht Herr zu werden, so doch ihr einen Sinn abzutasten. Kafka hat Das Nichts gefunden. Aber als Bedingung und Voraussetzung des Lebens und die Verzweiflung darüber als einzigen Grund menschlicher Grösse.[41]

Blei beruft sich auf seine persönliche Bekanntschaft und deutet das Werk aus dem Egodokument der Tagebücher von einer physiologischen Krankheit her, die er als psychosomatisches Zeichen einer existentiellen Sinnsuche und Religiosität betrachtet. Von Konfession und Dogmatik spricht er nicht, mehr von Kierkegaard und religiöser Verzweiflung. Die magische Wiederverzauberung steht für einen

---

[39] Blei, Franz Kafka, 1940, S. 338.
[40] Blei, Franz Kafka, 1940, S. 339.
[41] Blei, Franz Kafka, 1940, S. 339.

Nihilismus, den Blei als einzigen »Grund menschlicher Größe« bezeichnet. Es ist beachtlich, dass er Schmitt ebenfalls als Nihilisten kritisierte, allerdings als säkularisierten Katholiken, der seinen Nihilismus dogmatisch überformte und deshalb nicht zu der existentiellen Verzweiflung fand, die Blei bejaht.

Psychopathologischen Reduktionen seiner Dichtung auf »Krankheit«, wie sie sich auch bei Schmitt finden, wäre Kafka vielleicht mit einer Notiz entgegnet:

Du sagst, daß du es nicht verstehst. Such es zu verstehn, indem du es Krankheit nennst. Es ist eine der vielen Krankheitserscheinungen, welche die Psychoanalyse aufgedeckt zu haben glaubt. Ich nenne es nicht Krankheit und sehe in dem therapeutischen Teil der Psychoanalyse einen hilflosen Irrtum. Alle diese angeblichen Krankheiten, so traurig sie auch aussehen, sind Glaubenstatsachen, Verankerungen des in Not befindlichen Menschen in irgendwelchem mütterlichen Boden. (KHL 335)

Wie Blei lehnte auch Kafka die falsche »Verankerung« und Flucht aus der gnostischen Verwerfung der Welt in eine der »säkularisierten Ersatzkirchen«, Parteien oder »Sekten« ab.

## V. Tagebuchsatiren

Wie Franz Blei war Schmitt an der französischen Avantgarde und modernen religiösen Schriftstellern stark interessiert. Ein besonderes Interesse für die Prager oder Wiener Avantgarde hatte er nicht. Er pflegte aber starke ästhetische Neigungen und eine breite literarische Bildung, die nicht zuletzt lateinische Autoren betraf und innerhalb der neueren deutschsprachigen Literatur sich schon früh gegen den Weimarer Neuhumanismus erklärte, an »tragischen« Autoren wie Büchner, Grabbe oder Hebbel orientierte und bald auch die »expressionistische« Avantgarde positiv rezipierte. Schmitt schätzte die ganze lyrische Avantgarde, von Hölderlin und Baudelaire bis Trakl, berief sich später jenseits von Däubler verstärkt auf katholische Dichter wie Konrad Weiß und Annette von Droste-Hülshoff, spiegelte sein exzentrisches Leben, seine Krisenbiographie, aber seit den frühen 1920er Jahren insbesondere in Shakespeares Dramen: Er sah sich als Othello, Hamlet und King Lear, näherte sich seit den 1930er Jahren zwar auch Schiller und Goethe an, mied aber die

Identifikation im bildungsbürgerlichen Kanon. Der alte Schmitt bezog sich verstärkt auch auf spanische Literatur, spiegelte sich als »Picaro« im frühneuzeitlichen Schelmenroman, suchte immer wieder historische Parallelen zum spätantiken und frühneuzeitlichen Bürgerkrieg. Am »intellektuellen Roman« der klassischen Moderne war er dagegen nicht sonderlich interessiert. Proust oder Joyce, Thomas Mann, Musil oder Broch nahm er nicht näher zur Kenntnis. Stets polemisierte er gegen Thomas Mann als »Nationalschriftsteller«. In seinen frühen Tagebüchern wird Kafka nicht namentlich erwähnt. Im Nachlass ist nur ein Band *Das Urteil und andere Erzählungen* in einer Fischer-Ausgabe von 1955 erhalten: das schulische Pflicht-Pensum gleichsam. Schmitt nahm Kafka offenbar erst nach 1945 näher zur Kenntnis. Seine frühen Tagebücher aus der Düsseldorfer Referendarzeit und dem Münchner Militärdienst bis 1919 lesen sich aber in der dramatisierten Schilderung der Abhängigkeiten vom »Geheimrat« Hugo am Zehnhoff und »Hauptmann« Roth, dem Leiden an Geldmangel und Liebespassion geradezu »kafkaesk«, wofür hier nur einige fast zufällige Textstellen aus den frühen Tagebüchern zitiert seien:

15. November 1912: »Vielleicht eine Satire: Die Ordensgesellschaft als eine G.m.b.H. Zweck: Die Förderung des Gebetslebens. Verwaltung der Gebühren. Betrieb einer Bierbrauerei und Pflege der religiösen Gesinnung.« (TB I 42)

17. November 1912: »Charakterologisch: Der Anwalt wirft sich hin an eine Idee, er vergisst sich selbst darüber. Darum ist es nicht unrichtig, dass in allen Staaten, in denen die politischen Verhältnisse das erlauben, gerade Anwälte die politisch einflussreichsten Stellen erhalten, Minister oder Präsidenten werden. Denn das Sich-Hinwerfen an die fremde Sache, zu der hier der Staat wird, ist Wesen des Anwaltberufes und des Beamten im höheren Sinn überhaupt. Beim Anwalt tritt die Freiwilligkeit, die bewusste Wahl der Sache viel stärker in den Vordergrund als bei demjenigen, der eine Beamtenkarriere von vornherein durchgemacht hat, die Impulsivität des erkannten Falles, der stets frisch einsetzende Schwung. Das ist der Grund, warum der Anwalt hier genommen wird, um die Sache des Staates zu übernehmen. Dass in der Wirklichkeit der Anwalt, wie er hier in der Idee dargestellt ist, selten ist, dass sich heutzutage egoistische Interessen dazwischenschieben, dass es zahlreiche Rechtsanwälte gibt, die eine solche Hingabe an die Sache…« (TB I 44f)

23. Juni 1914: »Der Geheimrat erscheint mir als Zauberer (er erinnert mich an den alten, unheimlichen Geheimrat, der in H. H. Ewers ›Alraune‹,[42] der alles doch gut beobachtete, aber total verkitscht und nicht zu Ende dachte.) Balzac muss auch so etwas gehabt haben. Wie kommt es, dass er über so geheime Verbindungen, unheimlicher, unreeller, aber höchst zweckbewusster Mächte im Werk so gut Bescheid weiß. Alchemisten, Juden, Freimaurer, das sind so die Figuren, denen man die Zaubermächte zuschreibt; der Schatzgräber (heute im Zeitalter des Kapitalismus ist kein Platz mehr für ihn). Der Geheimrat begibt

---

[42] Hanns Heinz Ewers, Alraune. Die Geschichte eines lebendigen Wesens, München 1911.

sich daher mit Recht unter Kapitalisten. Vor dem Juden gibt es kein Geheimnis; der Geheimrat ärgert sich über die Erfolge der Juden und wittert Schlechtigkeit dahinter. Es ist aber nur der Mangel an jeder Schlechtigkeit, was sie so vorwärts bringt, die Unfähigkeit zur Zauberei.« (TB I 159f)

25. August 1914: »Schlecht geschlafen, müde aufgestanden. Der Geheimrat wälzt sich als Nilpferd auf die Wiese meiner Seele. Ich sterbe vor Verzweiflung. Wäre ich erst bei meiner lieben, schönen Cari. Aber ich habe kaum Geld, meine Miete zu bezahlen, und dabei soll das Aufgebot [zur Hochzeit] usw. noch einige Wochen dauern. Holte meine Wäsche, las die Zeitungen (die Russen sind in Ostpreußen eingedrungen), bekam wieder Angst, nachdem ich mich einige Tage schon wohlgefühlt hatte; ging zum Geheimrat und mied sein Gesicht. O Gott, hilf mir.

Der Geheimrat. Er ist wie ein Nilpferd, das eine schöne Blume sieht, sich voll Bewunderung darauf herumwälzt und nachher beim Anblick der armen, zerdrückten Pflanze geknickt erklärt: Die ganze Schönheit dieser Blume ist also nur Schwindel und Bluff; wenn man sich die Sache einmal ansieht, bleibt nicht viel übrig. Er schätzt nur, wen er nicht verdauen kann; nur Unverdauliches behält seine Gestalt, wenn es gefressen wird. Bitte ich ihn um etwas, dann heißt es: ich sei unverschämt und habe schon genug bekommen; bitte ich um nichts, dann sieht er darin einen Beweis, dass ich auch ohne ihn auskomme und anderweitige Hilfsquellen haben muss, also alles, was ich bisher von ihm bekommen habe, zu viel erhalten habe. Es ist zu dumm, sich auf so etwas einzulassen. Er hat für nichts an mir Interesse, tut nichts für mich, überhäuft Fremde schön mit Wohltaten, Fremde, die er noch fressen möchte. Er ist ein feiger, scheußlicher Geselle; ich durchschaue ihn ganz und sollte ihn meiden. Er ist mir physisch und psychisch so ekelhaft, wie nur etwas. Ich darf mich der tausend Beleidigungen und Gemeinheiten, die er mir zugefügt hat, nicht erinnern, um nicht außer mir zu geraten. Aber ich weiß: Ermorden könnte ich ihn nicht, dafür ist er mir zu dreckig.« (TB I 184)

2. September 1914: »Abends stand der Geheimrat endlich auf und gab mir 340 Mark. Ich war außer mir vor Freude. Wir aßen zusammen zu Abend. Die Gammenstedt kam, wir gerieten ins Plaudern, tranken Wein, plötzlich läuteten die Glocken. Ich lief auf die Straße: Der Kronprinz hat 10. Armeekorps geschlagen. Der Geheimrat wurde fröhlich und munter. Wir tranken bis ½ 1. Er versprach mir für alle Angelegenheiten Hilfe wie ein Vater. Ich war wieder froh und stolz und fühlte mich erhaben. Aber es ist doch eine Schweinerei, dass er säuft.« (TB I 191)

3. September 1914: »Müde, ermattet. Bis 9 ½ Uhr geschlafen, dann fröhlich angezogen, zur Bahn; die neuen Nachrichten. Was mag es in Polen und Galizien geben? Der Geheimrat ist krank. Mit der Gammenstedt gegessen; ekelhaft. Aber sie verspricht uns Sachen für den Haushalt. Dann ging ich Kaffeetrinken, las Zeitungen, aber unzufrieden mit mir und hohl, weil ich nichts Richtiges arbeite; und dabei stehe ich vor dem Assessorexamen. Dann zum Geheimrat zurück. Pfui Teufel; er stinkt, aber ich habe kein Geld. Es ist schönes Wetter, der Geheimrat stand etwas auf, wir gingen spazieren zum Bahnhof, über die [Düsseldorfer] Königsallee und zurück. Dann aßen wir zu Abend, ich trank ein Glas Wein, der Geheimrat ging früh ins Bett. Ich las ihm etwas vor, dann schlief er ein. Ich hatte den Lebenslauf Hetzdorff vorgelesen, ging

aufgeregt auf die Straße, kam mir wieder bedeutend vor. Glaubte an mein Schicksal. Ich werde es schon zu etwas bringen; ging nach Hause, früh (um ¼ 10) ins Bett. Eingeschlafen. Nachts Wanzen.« (TB I 191)

Der kranke Geheimrat und die Gammenstedt: Der Leser von Kafkas *Prozess* denkt hier wohl unwillkürlich an den herzkranken Advokaten, den Freund des Onkels Albert K., dem K. seine Vertretung entziehen möchte, und dessen Geliebte Leni: das Girl mit dem »Verbindungshäutchen« (KP 134) zwischen Mittel- und Ringfinger, das alle Angeklagten liebt (KP 221). Schmitt schildert den »Geheimrat« kafkaesk. Er verweist nicht auf Kafka, was 1914 auch noch kaum möglich wäre, sondern deutet seine literarische Stilisierung mit Hanns Heinz Ewers (1871–1943) und dessen Skandalroman *Alraune* von 1911 an; Schmitt hatte ihn offenbar bald nach Erscheinen gelesen. Ewers war studierter Jurist, Abenteurer und schauerromantischer Bestsellerautor, ein Pionier des expressionistischen Stummfilms, dem er 1913 gerade mit seinem *Der Student von Prag* als Autor und Regisseur einen Klassiker gab. Nach dem 1. Staatsexamen hatte Ewers, gebürtiger Düsseldorfer, sein Rechtsreferendariat in Düsseldorf begonnen, wenn auch nicht abgeschlossen. Schmitt konnte sich bei seinen Referendarsleiden also mit Ewers identifizieren. Vielleicht hatte er über am Zehnhoff von ihm gehört. Die »Dichterjuristen«, die Berliner Kammergerichts-Romantiker (E. T. A. Hoffmann) wie die des Expressionismus,[43] zählten aber nicht zu seinem antibourgeoisen Gegenkanon.

Die wenigen bislang publiken Bemerkungen zu Kafka finden sich insbesondere im Nachkriegs-Tagebuch *Glossarium,* Schmitts ingeniösem Pendant zu Heideggers *Schwarzen Heften*. Die großen Juristen-Briefwechsel mit den Weggefährten und Schülern – Rudolf Smend, Ernst Rudolf Huber, Ernst Forsthoff und auch Ernst-Wolfgang Böckenförde – enthalten dagegen keine Kafka-Bemerkungen. Offenbar hat Schmitt seine Positivismus- und Legalitätskritik nicht offensiv auf Kafka bezogen. Auch in der Korrespondenz mit Jacob Taubes ist er kein Thema. Als philologischer Befund lässt sich deshalb festhalten: Schmitt war ästhetischer Avantgardist. Als avancierte literarische Form präferierte er die Lyrik. Kein einziger moderner Romancier steht im Zentrum seines literarischen Gegenwartsinteresses. Selbst Kafka nahm er nur gelegentlich und eher symptomatisch zur Kenntnis. Prägnante Bemerkungen finden sich nur im *Glossarium*.

Seit früher Jugend schrieb Schmitt Tagebuch, obgleich er solche Selbstbespiegelungen eigentlich ablehnte. 1918 publizierte er in der *Summa,* einer der esoterischen Zeitschriften Bleis, eine »geschichtsphilosophische« Satire auf den »Buribunken«[44] als

---

[43] Lovis Maxim Wambach, Die Dichterjuristen des Expressionismus, Baden-Baden 2002; zu Kafka dort S. 108–111 und S. 316–325.

[44] Carl Schmitt, Die Buribunken. Ein geschichtsphiloso-

Prototypus des modernen Menschen, der vor dem wirklichen Leben in autobiographische Geschichten flüchtet. Die Satire verteidigt die zeitlichen Ekstasen der Gegenwart und Zukunft gegen die Flucht aus der Zeit in die Erinnerung, variiert Nietzsches unzeitgemäße Betrachtung *Vom Nutzen und Nachteil der Historie für das Leben* und beleuchtet das sterile Ausweichen vor den Kontingenzen des Lebens in seinen metaphysischen Prämissen. Dennoch schrieb Schmitt weiter Tagebuch. Zwar setzte er es nach dem 30. Juni 1934, vielleicht aus politischer Vorsicht, einige Zeit ab, für die Kriegsjahre und erste Nachkriegszeit 1945 in Berlin finden sich dann aber erneut stenographisch verfasste Tagebücher.

Schmitt wurde am 26. September 1945 verhaftet und bis zum 10. Oktober 1946 in einem Berliner Camp interniert; nach seiner Freilassung wurde er im Frühjahr 1947 erneut einige Wochen im Zusammenhang der Nürnberger Prozesse – Quaritsch zufolge rechtsstaatlich problematisch, ohne richterliche Kontrolle »wie verurteilte Verbrecher in Einzelhaft« (AN 35) – inhaftiert, verhört und im Mai 1947 ohne Anklage und Verurteilung entlassen. Während seine Weimarer Tagebücher protokollarisch gehalten sind und die Kernfunktion kalendarischer Erinnerungsstütze erfüllen, sucht Schmitt

phischer Versuch, in: Summa. Eine Vierteljahresschrift. Viertes Viertel (1918), S. 89–106; Wiederabdruck in: Ernst Hüsmert / Gerd Giesler (Hg.), Carl Schmitt. Die Militärzeit 1915 bis 1919, Berlin 2005, S. 453–471.

nach 1945, seit er Publikationsverbot hat und die frühere Funktionsteilung zwischen privaten Notizen und publizistischem Werk entfallen ist, nach neuen literarischen Formen der Erfahrungsauslegung. Im Camp schreibt er kleinere Texte, die er in sein autobiographisches Bekenntnisbüchlein *Ex Captivitate Salus* aufnimmt. In Nürnberger Untersuchung wird er von seinem Ankläger Robert Kempner aufgefordert, einige gutachterliche Stellungnahmen zum Nationalsozialismus zu verfassen, die Schmitt später teils publiziert. Sie argumentieren mit der Unterscheidung von Staat und Partei, rechtfertigen die Kollaboration der Bürokratie und Beamtenschaft als Gehorsam gegenüber dem Funktionsmodus der Legalität und kritisieren die Zerstörung der staatlichen Institutionen durch die fundamentale »Abnormität und Unberechenbarkeit aller Entwicklungen innerhalb des Hitler-Regime«. Schmitt analysiert hier vor allem die Reichskanzlei als Machtzentrum und »Treffpunkt« solcher Abnormitäten; namentlich macht er neben Hitler vor allem den 1945 verschollenen, erst 1998 per DNA-Analyse identifizierten Martin Bormann (1900–1945) für die Paralyse aller förmlichen Befehlsstrukturen verantwortlich. Seine detaillierte Beschreibung klingt im Ansatz kafkaesk:

Die persönliche Machtstellung Hitlers schloss einen ungeheuerlichen Anspruch auf Allmacht, aber auch den Anspruch auf Allwissenheit in sich. Die Allmacht war tatsächlich in weitem Umfang vorhanden und im hohen Grade effektiv. Die Allwissenheit dagegen war rein fiktiv. [...] Je höher nun Hitler stieg und mit ihm jeder, der zu ihm Zugang hatte oder mit ihm in persönlicher Berührung stand, umsomehr sanken die Reichsminister, die nicht zu diesen Privilegierten gehörten, zu blossen Verwaltungsbeamten herab. Das Reichskabinett ist seit 1937 nicht mehr zusammengetreten. Zwischen der Spitze der politischen Macht und den absinkenden bisherigen höchsten Stellen entstand ein leerer Raum, der durch neue ›überministerielle‹ Gebilde ausgefüllt werden musste, und zwar durch solche, die dem äusserst persönlichen Charakter dieser Art von Machtfülle und Machtausübung gemäss waren. Das konnten praktisch keine Behörden im Sinne einer rational und sachlich durchdachten Kompetenz, sondern nur höchstpersönliche Stäbe sein, gleichgültig unter welcher Benennung sie geführt wurden. Als übliche und in gewissem Sinne typische Benennung bildete sich ›Kanzlei‹ heraus.« (AN 94f; VRA 432f)

Schmitt vergleicht die »Arcana des Hitler-Systems« mit Kirche und Papst und betont den völligen Formverlust des Regimes in der »polykratischen« Entwicklung der innerparteilichen Machtkämpfe, wie es Historiker heute noch tun. Die Analogie zu Kafkas Beschreibung des bürokratischen Terrors ist offenbar.

Aus Nürnberger Untersuchungshaft entlassen, seit dem Mai 1947 erneut in seiner westfälischen Herkunftsstadt Plettenberg lebend, beginnt Schmitt bald mit dem neuen Format des *Glossariums*. Während *Ex Captivitate Salus* von »Erfahrungen der

Zeit« spricht, betrachtet er diese »Aufzeichnungen« aus den Jahren 1947 bis 1958 also als »Glossen«. Anders als die protokollarischen Tagebücher bezeichnen Glossen eine Kommentarform mit hochstufigem Deutungsanspruch. Glossatoren hießen die ersten Juristen des hohen und späten Mittelalters, die das Römische Recht aktualisierend kommentierten. Theologische Kommentare wurden gelegentlich auch als Glossen bezeichnet, heute nennt man eine journalistische Textsorte so. Schmitts Aufzeichnungen im *Glossarium* changieren zwischen zeitgeschichtlicher Bemerkung und höherstufigem Deutungsanspruch.

Bis heute ist nicht definitiv geklärt, ob Schmitt sein *Glossarium* zur posthumen Veröffentlichung vorgesehen hatte; jedenfalls hat er das nicht geregelt, wie er insgesamt auf testamentarische Verfügungen über den Umgang mit seinem Nachlass verzichtete. Anders als Heidegger adressierte er sich nicht an die Nachwelt, einen »künftigen Menschen«, sondern an die Mitwelt. Sein *Glossarium* ist deshalb auch weder ein Ereignisprotokoll noch ein Gedankentagebuch, das Überlegungen zu möglichen Publikationen sammelte. Stärker ist sein epigrammatischer und aphoristischer Charakter. Das ganze *Glossarium* hat in seinen einzelnen Büchern aber darüber hinaus auch einen geschlossenen Anspruch, den Schmitt mit experimentierenden Titeln umkreist. So heißt Heft 2 im lateinischen Titel übersetzt: »Unterhaltsamer Führer für die höllischen Wege. Ein Aufklärungsbuch um (durch richtige Lebensführung) dem Leviathan aus dem Weg zu gehen« (GL 539); Buch 3 nennt sich – auf Jünger und Heidegger anspielend – »Material zur Lichtung eines (juristischen) Daseins«: »Don Capisco oder die Heiterkeit eines allwissenden Greises«; Buch 5 heißt: »Gelimer Bd. V«; es schließt mit den Worten: »Ende des Gelimerischen Gelächters«. Schmitt nennt sein ganzes *Glossarium* also *Gelimerisches Gelächter* und bezeichnet damit die satirische Form seines Textes insgesamt.

Anders als etwa Heideggers *Schwarze Hefte* ist das *Glossarium* dezidiert als Satire und Zeitkritik literarisiert. Es beginnt im August 1947, einige Monate nach der Entlassung aus Nürnberger Haft, und endet definitiv am 31. Dezember 1958, bald nach Schmitts 70. Geburtstag. Spätere Tagebuchaufzeichnungen, mit Jünger gesprochen: *Siebzig verweht*, hat Schmitt nicht mehr derart intensiv mit hohem Deutungsanspruch geführt und gestaltet. Vom »Gelimerischen Gelächter« sprach er seit 1958 aber immer wieder.[45] Gemeint war der letzte Vandalenkönig Gelimer, der im 6. Jahrhundert im Zuge der Rückeroberung des Imperiums vor Karthago von römischen Truppen (unter Belisar) besiegt und nach Konstantinopel vor Justinian I. gebracht wurde. Der oströmische Historiker Prokopius berichtete in seinen »Büchern über den Krieg« (Buch IV.7) von

---

[45] Dazu Verf., Carl Schmitt: Denker im Widerstreit, Freiburg 2017, S. 130–138.

dem sardonischen Lachen, in das Gelimer bei seiner Verhaftung ausgebrochen sei. Der Rechtshistoriker, Prokopius-Forscher und Bestsellerautor Felix Dahn (1834–1912), Autor auch eines *Gelimer*-Romans, schrieb dazu 1878 in der ADB:

Als er gefangen in Karthago eingeführt wurde, brach er in schallendes Gelächter aus: man hielt es für ein Zeichen des Wahnsinnes. Seine Freunde aber erklärten es als das bittere Hohnlachen über die Eitelkeit aller menschlichen Dinge, dass er, von königlichem Blut und selbst ein König, solchen Umschlag des Glücks erfahren. – In dem glänzenden Triumph Belisar's zu Byzanz wurde auch G. im Purpurmantel mit seinen Gesippen gefangen aufgeführt. Als er bei dem Eintritt in das Hypodrom den Kaiser auf hohem Thron sah und die ganze Tiefe des eigenen Falls erkannte, da weinte und klagte er nicht, sondern rief immer wieder den Spruch Salomon's: ›Eitelkeit der Eitelkeiten. Alles ist eitel.‹ Vor dem Thron legte er den Purpur ab und warf sich vor Justinian zur Erde.[46]

Schmitt identifizierte sich nach 1945 mit diesem Lachen des Besiegten, stellte aber auch die »Heiterkeit eines allwissenden Greises« dagegen, indem er auf eine Engelsdarstellung in der Kathedrale von Santiago de Compostela verwies. Seine wenigen Bemerkungen zu Kafka finden sich also im Kon-

---

[46] Felix Dahn, Stichwortartikel Gelimer, in: ADB 8 (1878), S. 539–543, hier: S. 542f; zu Dahn vgl. Ernst Osterkamp, Felix Dahn oder Der Professor als Held, München 2019.

text satirischer Zeitkritik, privater Eintragungen und Erheiterungen, die – wie Heideggers *Schwarze Hefte* – allenfalls zur posthumen Publikation bestimmt waren.

## VI. Dystopiker der Neuzeit

Schmitt entwickelte im *Glossarium* eine Vielzahl von historischen Parallelen und geistesgeschichtlichen Spiegelungen der Gegenwart. Er bezog sich auf römische Autoren, Hegel, Hölderlin, Donoso Cortés und viele andere. Sondiert man die Bemerkungen zum modernen Roman, so scheint er ihn in die Geschichte der modernen Utopien und Dystopien zu stellen. Am 21. November 1947 notiert Schmitt einen langen Briefentwurf an eine Bekannte, der hier fast vollständig zitiert sei:

Was ist das Spezifische der Utopie (gegenüber allen Arten von Idealkonstruktionen, Wunschträumen und phantastischen Programmen)? Es liegt darin, daß Thomas Morus, der das Wort Utopie erfunden hat, in der großen Raumrevolution seines Zeitalters stand und von dort den Absprung in den Nicht-Raum, den U-Topos fand, dessen ein Grieche der Antike gar nicht fähig gewesen wäre. Das Absehen vom Topos ist das Erstaunliche bei Morus. Aber das ist nur das erste, oberflächlich Negative der Sache. Das Tiefere ist: Dieses Absehen von Raum und Ort, diese Ent-Ortung, ist ein Abstrahieren von dem (für einen antiken Menschen ewigen) Zusammenhang von Ortung und Ordnung. Jede Ordnung ist konkret gestaltetes Recht. Recht ist Recht nur am rechten Ort, diesseits der ›Linie‹! Davon wird bei Morus bewußt abgesehen. Auf den Ort und Raum kommt es nicht mehr an. Dieser ist nicht mehr von Gott oder der Natur gegeben, sondern zufällig, willkürlich, von Menschen frei gewählt, sogar gemacht, von Menschen für Menschen gemacht, auf applanierter Ebene errichtet, so daß es überhaupt nicht mehr auf ›Ortungen‹ ankommt. Ich sehe also in der Utopie nicht eine beliebige Phantastik oder Idealkonstruktion, sondern ein auf der Voraussetzung der Raumaufhebung und Entortung, auf der Nicht-mehr-Raumgebundenheit menschlichen Zusammenlebens errichtetes Gedankensystem. Es ist, mit anderen Worten, das ›Zurückweichen der Naturschranke‹, das den Menschen zum Herrn der Natur macht. Der Mensch schafft sich nach rationalen Gesichtspunkten seine eigene Welt. Mit steigender Technik steigt daher die Utopie in diesem Sinne in immer kühnere Dimensionen. Sie stößt schließlich auf die letzte Naturschranke, die Natur des Menschen selbst, und erdenkt ein aus planmäßig genormten Menschen zusammengesetztes Gemeinwesen. Das ist die Folgerichtigkeit von Brave new world, dessen große Bedeutung auf dieser von Menschen planmäßig veränderten Natur des Menschen beruht. Achten Sie einmal auf diesen Gesichtspunkt: Verhältnis der Utopie zur Natur des Menschen (Erziehung, Züchtung, schließlich Fabrikation des Homunkulus). Bei Morus noch eine klassisch-humanistische Annahme; bei Defoe (Robinson) bereits die Konstruktion aus dem isolierten Individuum; bei Swift schon eine phantastische Veränderung des Menschen selbst (Riesen, Zwerge, Pferde); bei Aldous Huxley planvolle wissenschaftliche Fabrikation genormter Menschen. Es ist, mit anderen Worten, die totale Planung, die auch die natürlichen Gegebenheiten der menschlichen Physis und Psyche in ihre Ent-Ortungen einbezieht. Utopie heißt also: folgerichtige Entortung in dem totalsten, auch den Ort des Menschen in der bisher gegebenen Natur aufhebenden Sinne der Aufhebung des Zusammenhanges von Ordnung und Ortung. Platons Politeia ist eine Utopie, soweit jede Idee eine Entortung der Wirklichkeit bedeutet. Pierre Linn hat schon 1938 den totalitären Staat als den konsequenten Idealstaat enthüllt, der platonisch (statt aristotelisch-thomistisch) folgerichtig ist, wenn einmal der Unterschied von Idee und Wirklichkeit zugunsten der Idee realisiert wird. Aber Platon denkt noch nicht exakt wissenschaftlich; auch noch nicht global; er denkt noch topisch; aber sein Idealismus eröffnet die Bahn für eine Utopie.

Immer ist es die ungeheuerliche, erdrückende, praktisch und theoretisch überwältigend folgerichtige Neue Welt von Aldous Huxley, die heute den Begriff der Utopie und zugleich den der Neuen Welt bestimmt. Thomas Morus bringt die Ent-Ortung, bei Beginn der geographischen Raumrevolution; Huxley die Ent-Menschung, bei Beginn der technischen Raumrevolution. Denn wir treten erst ein in das Zeitalter der Technik. Morus kommt aus dem England, das die neue Welt des Meeres zu erobern sich anschickt; Huxley aus dem Punkt des modernen, industriell-technischen Ansatzes zu einer neuen Welt, deren Abenteuerlichkeit größer, grauenhafter sein wird als die der alten adventurers der Piratenzeit des 16. und 17. Jahrhunderts. (GL 36)

Eine ganze Literaturgeschichte der Neuzeit ließe sich an diese Bemerkungen knüpfen, die von der damaligen Arbeit am *Nomos der Erde* her entwickelt sind. Überlegungen zur Raumnahme und »Raumrevolution«, zur »elementaren« Unterscheidung zwischen »Land und Meer«, Antike und Neuzeit, »maritimem« und »kontinentalem« Denken klingen an. Sie gehen über eine Geschichte der neuzeitlichen politischen Utopien weit hinaus, wie sie etwa der befreundete Hans Freyer[47] 1936 mit seinem Büchlein *Die politische Insel* vorgelegt hatte. Schmitt knüpft mit Morus auch an Gerhard Ritters *Machtstaat und Utopie* an,[48] eine NS-kritische Konfrontation von Morus und Machiavelli, nach 1945 unter dem Titel *Dämonie der Macht* wirksam, deren Machiavelli-Bild kritisch auch gegen Schmitt zielte. Schmitt erwähnt Hobbes hier nicht, ansonsten aber in vielen Notaten, deutet eine Differenz zwischen Platon und Aristoteles, Utopismus und Thomismus an, für die er den befreundeten Maritain-Schüler und Neo-Thomisten Pierre Linn nennt. Er denkt dabei wohl nur an eine briefliche Bemerkung, zum *Leviathan*-Buch. Jedenfalls deutet Schmitt religiöse und naturrechtliche Vorbehalte gegen den Prozess neuzeitlich-technischer »Ent-Ortung« und Dena-

---

[47] Hans Freyer, Die politische Insel. Eine Geschichte der Utopien von Platon bis zur Gegenwart, Leipzig 1936.
[48] Gerhard Ritter, Machtstaat und Utopie. Vom Streit um die Dämonie der Macht, München 1940; vgl. auch René König, Niccolo Machiavelli. Zur Krisenanalyse einer Zeitenwende, Zürich 1941; dazu Verf., Carl Schmitt: Denker im Widerspruch, Freiburg 2017, S. 109–118.

turalisierung an. Vom Nationalsozialismus spricht er nicht explizit, wohl aber von einem gesamtgeschichtlichen Denaturalisierungsprozess, von Platon zu Hitler, der den Erziehungsstaat als »totalitäres« Erziehungs- und Züchtungsexperiment realisiert. NS-Rassisten wie Hans F.K. Günther[49] haben ihren Rassismus damals auch mit Platon gerechtfertigt.

Schmitt sagt deutlich, dass das Zeitalter der technischen Utopien und Realisationen gerade erst begonnen hat. Schon in den 1950er Jahren schrieb er die einsetzende Eroberung des Weltraums in seine Geschichte der Raumrevolutionen und Raumnahmen hinein. Neuere Science-Fiction-Literatur und cineastische Blockbuster ließen sich anschließen. Kafka fände hier irgendwo zwischen Swift und Huxley seinen Platz, mit Prager Visionen von der Lage und Entwicklung des Menschen, die Mensch und Tier und übernatürliche Wesen in neue Beziehungen und Verhältnisse setzten. Franz Blei sprach von »Magie«, Walter Benjamin von einem »Weltbild der Gnosis«, »Boten« vorweltlicher Gewalten des »entstellten Lebens«.[50] Kafkas Prager Antworten visionieren den neuen Menschen in alten Narrativen, die hinter das Alte Testament und die jüdische Prägung auf noch ältere religiöse Kategorien der

---

[49] Hans F.K. Günther, Platon als Hüter des Lebens, München 1928.
[50] Benjamin, Kafka, S. 248–263, hier: S. 253, 263.

Selbstauffassung des Menschen zurückgehen. Zur neueren Geschichte anthropologischer Revisionen gehört die Annäherung von Mensch und Tier, die Kafka in die doppelte Richtung der Animalisierung des Menschen (*Hungerkünstler*) und Vermenschlichung des Tieres (*Bericht für eine Akademie*) treibt. Nicht zufällig endet die *Landarzt*-Sammlung mit dem »Bericht« von dem klugen Affen, der gegenüber den »guten Menschen« die höhere Humanität repräsentiert. Kafkas »Bericht« ähnelt der Botschaft des »Naturtheaters«, das ein Spiel im Spiel thematisiert, wie es der Reflexionsform der Gattung Novelle entspricht und von Schmitt in seiner *Hamlet*-Interpretation als Botschaft »vor den Kulissen« (HH 45) verstanden wurde: Kafka thematisiert den fiktionalen Status seiner Texte, um ihn zu transzendieren und Autorpositionen kenntlich zu machen.

Schmitts Bemerkungen zur dystopischen Entwicklung der neuzeitlichen Utopie bieten einen Deutungsrahmen, in dem weitere Autoren »verortet« sind. Kafka gehört für Schmitt zu den Autoren der totalitären Dystopie des 20. Jahrhunderts, die mit ihren anthropologischen Revisionen den modernen Rassismus erahnten. Diese Geschichte ist für Schmitt mit Hitler, Himmler und dem Holocaust nicht beendet, weil die Technik sich weiter entwickelt und neue biopolitische Experimente ermöglicht: »Erziehung, Züchtung, schließlich Fabrikation des Homunkulus«.

Henning Ottmann[51] eröffnete den letzten Band *Das 20. Jahrhundert* seiner großen, mit der griechischen Antike einsetzenden *Geschichte des politischen Denkens* mit einigen Dystopien und Max Weber. Der Teilband heißt: *Der Totalitarismus und seine Überwindung*. Als Dystopien stellte Ottmann exemplarisch vor: Herbert G. Wells, Karel Čapek, Jewgeni Samjatin, Aldous Huxley und George Orwell. Diese Dystopiker stellten dem Jahrhundert die literarisch zugespitzte und dramatisierte Prognose, auf die die politische Theorie und Verfassungslehre seit Max Weber konstruktive Antworten suchte. Leidlich tragende Antworten erörterte Ottmann am Ende des Teilbandes mit den »neoklassischen« politischen Philosophien von Hannah Arendt, Eric Voegelin und Leo Strauss. Arendt beschrieb die »totalitäre Bewegung« und »Herrschaft« im *Totalitarismus*-Buch auch an Kafka geschult; in den 1940er Jahren sorgte sie als Lektorin des Schocken-Verlages mit für die Durchsetzung Kafkas als »Klassiker«. Während Voegelin und Strauss eher Neo-Platoniker waren, kritisierte Arendt Platon und den Platonismus, wie Heidegger, und vertrat eher einen Neo-Aristotelismus. Sie betrachtete Platon, mit den Kategorien von *Vita activa* gesprochen, dabei als einen Denker der poietischen Technik, des Herstel-

---

[51] Henning Ottmann, Geschichte des politischen Denkens Bd. IV: Das 20. Jahrhundert. Teilband 1: Der Totalitarismus und seine Überwindung, Stuttgart 2010.

lens, während Aristoteles das politische Handeln begriff. Schmitt deutet in seinen Bemerkungen diesen Gegensatz von Platon und Aristoteles an, wobei er mit Linn die katholisch-thomistische Auslegung zitiert; obgleich er mit Voegelin intensiv und mit Strauss beiläufig korrespondiert hatte,[52] interessierten ihn die politischen Schriften Arendts stärker. Er hätte allerdings sehr bezweifelt, dass die »neoklassischen« Autoren tragende Ansätze einer »Überwindung« des modernen Totalitarismus boten; »neoklassische« Restaurationen und Überwindungen hielt er grundsätzlich nicht für möglich.

---

[52] Edition der Korrespondenz in: Schmittiana N.F. II (2014), S. 170–176, S. 183–199.

## VII. Kafka-Notate

Wie »verortete« Schmitt Kafkas Werk in seiner Geschichte der modernen Literatur und Dystopie? Sammeln wir einige signifikante Bemerkungen. Ein erster beachtlicher Eintrag vom 31. Oktober 1947 lautet:

Franz Kafka könnte einen Roman schreiben: Der Feind. Dann wäre sichtbar geworden, daß die Unbestimmtheit des Feindes die Angst hervorruft (es gibt keine andere Angst, und es ist das Wesen der Angst, einen unbestimmten Feind zu wittern); dagegen ist es die Sache der Vernunft (und in diesem Sinne der hohen Politik), den Feind zu bestimmen (was immer zugleich Selbstbestimmung ist) und mit der Bestimmung hört die Angst auf und bleibt höchstens Furcht. Wie aber sollen wir etwas der Unbestimmtheit entreißen und der Bestimmtheit zuführen, wenn wir keine gemeinsamen Begriffe mehr haben? Zur Bürgerkriegslage gehört es, daß die Feinde keine gemeinsamen Begriffe mehr haben und jeder Begriff zu einem Übergriff ins feindliche Lager wird. (GL 27)

Schmitt erwähnt kein einzelnes Werk mit Titel, deutet Kafka als Autor unbestimmter Angst. Er nennt eine Zentralkategorie seines eigenen Werkes: Feindschaft, und verknüpft Kafkas Werk mit einer »Bürgerkriegslage«. Als solche interpretierte er das neuzeitliche Zeitalter der Neutralisierungen, Entpolitisierungen und »Ent-Ortungen«: die »Wendung zum totalen Staat« und Leviathan. Schmitt meint gegen Kafka, dass eine klare Feindbestimmung Angst in Furcht konvertiert, die erträglicher ist, weil sie mit der Feindschaft auch politische Einheit und »Freundschaft« profiliert und polarisiert, »Lager« bildet und politisches Handeln ermöglicht. Die »konkrete« Feindbestimmung sei eine Leistung »hoher Politik«: ein Akt souveräner »Selbstbestimmung«.

Die Aufzeichnung eröffnet mit einer generösen Anerkennung: »Franz Kafka könnte einen Roman schreiben: Der Feind.« Bei Kafka ließen sich Texte finden, die in diese Richtung gehen. Ein prägnantes Beispiel ist die späte Erzählung *Der Bau*. Schmitt meint: »Es ist das Wesen der Angst, einen unbestimmten Feind zu wittern.« Das gestaltet Kafka im *Bau*: Die wirklichen Feinde sind dem Ich-Erzähler und fleischfressenden Bewohner des Baus dort nicht gefährlich. Er weiß:

Hier gibt es viele Feinde und noch mehr Helfershelfer der Feinde, aber sie bekämpfen sich auch gegenseitig und jagen in diesen Beschäftigungen am Bau vorbei. […] Haben denn meine Feinde überhaupt die richtige Witterung? (KBK 186f)

Der Ich-Erzähler wittert Geräusche und erkennt, dass er über die Verteidigung hinausgehend auf das »Aufsuchen der Gefahr« und »Vorsorge« umstellen muss. Die »Einbildungskraft« imaginiert hier einen Leviathan als »unbestimmten«, eigentlich dämonischen Feind:

Gewiß, zuerst müßte man eher dazu neigen, viele kleine Tiere anzunehmen, da ich sie aber bei meinen Grabungen hätte finden müssen und nichts gefunden habe, bleibt nur die Annahme der Existenz des großen Tieres. (KBK 212)

Kafkas »alter Baumeister« (KBK 216) sucht »den Plan des Tieres zu enträtseln« (KBK 218) und hält für »entscheidend«, »ob und was das Tier von mir weiß« (KBK 219). Diese Erzählung ruft geradezu nach Schmitt als Interpreten, der sie vielleicht in die jüdische Auslegungstradition des Leviathan-Mythos (L 15) gestellt hätte, von der noch zu sprechen ist. Schmitt anerkennt Kafka in seinem *Glossarium*-Eintrag als Schriftsteller aber nur mit einem vergifteten Lob: Den gewünschten Roman von der Feindschaft hat Kafka ja nicht geschrieben; Schmitt erwähnt jedenfalls keinen Titel, liest dem Werk keine »konkrete« Feindbestimmung ab, sondern nennt Kafka stattdessen nur den Autor unbestimmter Angst. Was Kafka eigentlich schreiben sollte, tat Schmitt selbst; er entwickelte eine Theorie der Feindbestimmung und analysierte die Bürgerkriegslage des 20. Jahrhunderts, dichtete am Roman der Feindschaft im Bürgerkrieg. Deutet er an, dass er jenseits seines akademischen Werkes an eine Literarisierung dachte? Solche Anwandlungen hatte er gelegentlich. Den fälligen Roman der Feindschaft im 20. Jahrhundert musste er aber nicht erdichten; eine strikte Trennung zwischen »Sachbuch« und Fiktion gab es für ihn nicht: Er schrieb seine »Idealkonstruktionen, Wunschträume und phantastischen Programme«, mit dem Utopie-Notat zu sprechen, recht deutlich in seine Sachtexte hinein. Hier steht vor allem das »politische Symbol« des Leviathan: Schmitt erneuerte das Symbol mit und gegen Hobbes und die »jüdische« Deutung; die »unbestimmte« Angst überwand er durch seine »Politische Theologie«.

Schmitts erste Kafka-Bemerkung im *Glossarium* betraf den »Begriff des Politischen«: Schmitt proklamierte die Überwindung unbestimmter Angst durch eine klare Polarisierung der »Bürgerkriegslage« von Freundschaft und Feindschaft. Eine solche »konkrete« Feindbestimmung profiliert eine »Politische Theologie«, die Fronten von Freundschaft und Feindschaft dogmatisch konfessionalisiert: ob als überlieferte Religion, Kirche, Sekte oder politische Ideologie und »Weltanschauung«. Schmitt sprach in analytischer Beobachterperspektive als Verfassungsrechtler dabei von »Legalität und Legitimität«: Jedes Rechtssystem bedarf der sozialen Geltung und Akzeptanz; jede »Legalität« basiert herrschaftssoziologisch betrachtet auf Legitimitätsvorstellungen. Max Weber unterschied in seiner

Herrschaftssoziologie zwischen charismatischer, traditionaler und legaler Herrschaft. »Charisma« ist zwar eine revolutionäre Macht: die von Arendt beschworene Kraft des spontanen Handelns; es institutionalisiert und veralltäglicht sich aber regelmäßig traditional; Verrechtlichung erfolgt dabei säkular und neuzeitlich in der Form positivierter Gesetze. In seiner Broschüre *Legalität und Legitimität* (1932) analysierte Schmitt die Entwicklung vom liberalen und parlamentarischen »Gesetzgebungsstaat« zur modernen Massendemokratie als Spannung von Legalität und Legitimität; er entdeckte dabei drei »außerordentliche« demokratische Gesetzgeber – *ratione materiae, ratione supremitatis* und *ratione necessitatis* (VRA 335) – im »Legalitätssystem des Gesetzgebungsstaates«, die beim Untergang der Weimarer Republik zusammenwirkten: materiale Grundrechtsbestimmungen, direktdemokratische Verfahren und Diktaturbefugnisse des Reichspräsidenten. Schmitt hoffte 1933 auf die Verfassungsfähigkeit des Nationalsozialismus und Stabilisierung eines »autoritären« Staates. Nach dem 30. Juni 1934 sah er aber, dass der »Führerstaat« als »unmittelbar gerechter Staat« (GS 296), der alle gesetzesförmige Rechtssicherheit destruiert, ein diktatorischer und totalitärer Leviathan wurde. Schmitt stellte nun verstärkt auf eine antisemitische Sinngebung und Rechtfertigung um: auf das politische Symbol vom Leviathan, und begrub seine verfassungsrechtlichen Kategorien von Legalität und Legitimität.

Die Nachkriegszeit betrachtete er dann als Bürgerkriegslage, sich selbst sah er als »Sündenbock« und Opfer einer Siegerjustiz.

Sein Tagebuch von 1945 ist noch nicht publiziert; von den Lebensumständen nach seiner Inhaftierung in einem Berliner Camp und der späteren Nürnberger Untersuchungshaft sind wir aber durch die erhaltenen Briefe an seine Frau Duschka detailliert informiert. Schmitt versteigt sich hier zu maßlosen Bemerkungen:

1. Mai 1946: »Was die Nazis getan haben, war tierisch. Was mir geschieht (und tausenden von ehrlichen Deutschen) ist teuflisch.« (CSDS 200)

12. Juni 1946: »Es gibt heute noch weniger Recht als unter den Nazis. Mit Grüninger [Jünger-Kreis] hatte ich ein schönes Gespräch über B. Cereno (Okt. 1941 in Paris). Wer hätte damals an die Möglichkeit gedacht, dass B. Cereno als Pirat behandelt wird.« (CSDS 223)

17. September 1946: »Ist es möglich, dass ein Gelehrter und Jurist von Namen, wie ich es bin, lautlos verschwindet, wie von der Gestapo oder GPU verschlungen? Kein Vorwurf wird mir gemacht, und doch sitze ich seit 1 Jahr mit gemeinen Verbrechern in einem fürchterlichen Lager. Sollte es in ganz Deutschland keinen Juristen mehr geben, den das interessiert, alle meine ausländischen Freunde wird es sicher interessieren. Das ganze Verfahren ist rätselhaft. Vielleicht sabotiert irgendein rachsüchtiger Emigrant, lässt die Akten verschwinden, oder irgendetwas Derartiges. Je mehr ich über meine Vernehmungen nachdenke, umso rätselhafter wird mir das alles.« (CSDS 264)

Schmitts Bemerkungen zu Kafka knüpfen an diese Haft- und Gerichtserfahrung an. Dabei greift Schmitt auf eine frühere autobiographische Identifikation mit Benito Cereno, einer Gestalt aus Melvilles gleichnamiger Novelle, zurück, über die er 1941 bereits mit Ernst Jünger sprach. »Ich bin der arme Benito Cereno« (GL 309), notiert er damals am 3. Februar 1941 in sein Tagebuch. »Ich bin von dem ganz ungewollten, hintergründigen Symbolismus der Situation als solchen ganz überwältigt«,[53] schreibt er am 25. Februar 1941 an Jünger. Immer wieder vergleicht er fortan seine »Lage« und seinen »Fall« mit Benito Cereno. In seinem Bekenntnisbüchlein *Ex Captivitate Salus* schreibt er 1950:

*Benito Cereno,* der Held von Hermann Melville's Erzählung, ist in Deutschland zu einem Symbol für die Lage der Intelligenz in einem Massen-System erhoben worden. (ECS 21f) Jede Situation hat ihr Geheimnis, und jede Wissenschaft trägt ihr Arcanum in sich. Ich bin der letzte, bewußte Vertreter des jus publicum Europaeum, sein letzter Lehrer und Forscher in einem existentiellen Sinne und erfahre sein Ende so, wie *Benito Cereno* die Fahrt des Piratenschiffs erfuhr. Da ist das Schweigen am Platz und an der Zeit. Wir brauchen uns nicht davor zu fürchten. Indem wir schweigen, besinnen wir uns auf uns selbst und auf unsere göttliche Herkunft. (ECS 75)

---

[53] Schmitt am 25.2.1941 an Jünger, in: Helmuth Kiesel (Hg.), Ernst Jünger / Carl Schmitt. Briefwechsel 1930–1983, Stuttgart 1999, S. 115.

Die Novelle spielt im Jahr 1799. Ein Robbenfänger liegt im Hafen der Insel Santa Maria vor Anker. Der Kapitän Amasa Delano bemerkt ein fremdes, kaum manövrierfähiges Schiff. Der Kapitän setzt über, um als Lotse zu helfen. Es ist ein spanisches Kaufmannsschiff mit einer Ladung afrikanischer Sklaven. Die Besatzung ist stark dezimiert, verhungert und krank. Ihr spanischer Kapitän Benito Cereno wirkt wunderlich und wirr. Seine Autorität scheint gelitten zu haben, ein schwarzer Diener Babo weicht ihm nicht von der Seite. Ausführlich erzählt Melville, wie Delano, der Kapitän des Robbenfängers, angesichts des Autoritätszerfalls und Ordnungsmangels auf dem Sklavenschiff zwischen Mitleid, Ablehnung und Argwohn schwankt. Bald fühlt Delano sich als Gefangener der Besatzung, die er retten wollte. Als das Schiff endlich im Hafen ankommt und neben dem Robbenfänger liegt, gibt es Irritationen beim Abschied. Plötzlich springt »Don Benito« hinüber. Im ersten Moment fürchtet Delano einen Überfall, bis er versteht, dass Benito Cereno und die spanische Besatzung Geiseln der Verschleppten waren. Er lässt das flüchtige Schiff verfolgen und bringt die Meuterer, die Negersklaven, vor den »vizeköniglichen Gerichtshof«. Der Rädelsführer Babo wird »am Schwanz eines Maultiers zum Galgen geschleift«. Benito Cereno verstirbt drei Monate nach dem Prozess.

Die Meuterer werden in ihrem Habitus sehr negativ geschildert. Ihre Gegenperspektive, ihr Recht als Sklaven zu meutern, kommt nicht vor. Schmitt parallelisiert sie mit den Nationalsozialisten, parodiert damit auch deren Rassismus – später wird er immer wieder auf Shakespeares Caliban verweisen – und vergleicht sich mit dem Kapitän des Sklavenschiffs. Ihm liegt dabei vor allem an der Doppeldeutigkeit der Lage des Benito Cereno: Aus der Außenperspektive Delanos erscheint er als schwacher Kommandeur, Geisteskranker oder Verbrecher und Betrüger; aus der Innenperspektive des wirklichen Geschehens ist er eine Geisel der Meuterer, die um des bloßen Überlebens willen eine Rolle spielen muss, hoch pokert und dabei auch das Leben Delanos und seiner Mannschaft gefährdet.

Der befreundete Theologe und Jurist Hans Barion (1899–1973), seinerseits nationalsozialistisch belastet und aus dem Hochschulsystem exkludiert, griff den Vergleich brieflich auf. Dazu finden sich im *Glossarium* gewichtige Eintragungen. Am 30. November 1947, einen Monat nach der ersten Bemerkung zu Kafka, notiert Schmitt:

Ich hätte (unter einem Eindruck des Briefes von Barion vom 11. Nov.) große Lust, eine Fortsetzung von B.[enito] C.[ereno] auf anderer Ebene zu schreiben: B.C. vor Gericht. Vielleicht wäre das in der Stimmung noch zu kombinieren mit Elementen aus Franz Kafkas Roman ›Der Prozeß‹. Sollte B.C. so enden, in einem Kafka'schen Prozeß? Grauenhaft. B.C. unter der Anklage der Piraterie vor einem Gericht, das keine Erörterung über seine ›Grundlagen‹ zuläßt. Wird er auf diesen Begriffsteppich treten? Wird er schweigen? Problem aller politischen Prozesse? Vor einem Admiralitäts-Gericht (hat er Chancen); vor einem Sondergericht zur Bekämpfung des spanischen Imperialismus (hätte er keine Chancen). (GL 41)

Schmitt deutet hier einerseits juristische Klärungen und Präzisierungen an: Unterscheidungen etwa zwischen Militärgerichtsbarkeit und Sondergerichten, und spricht andererseits von der kafkaesken Literarisierung einer Stimmung: der unbestimmten Angst des Delinquenten. Schmitt hält für Benito Cereno, den Kapitän eines Sklavenfrachters, unter den Bedingungen politischer Justiz die Anklage auf Piraterie für möglich. Mit der späteren *Theorie des Partisanen* bezeichnet er sich also gleichsam als Partisan. Der Partisan kämpft »irregulär« jenseits der Legalität auf eigene Gefahr, mit prekärer Deckung und schwachen Legitimitätstiteln, allenfalls mehr oder weniger stiller Unterstützung durch »interessierte Dritte«. Das Sondergericht, das Schmitt imaginiert, verweigert eine offene Erörterung seiner fragwürdigen »Grundlagen«. Schmitt denkt hier an seine Inhaftierung in Nürnberg und die Nürnberger Prozesse. Zu diesen Prozessen hat er im *Glossarium* einiges notiert. So schreibt er im März 1948:

Herr des Nürnberger Prozesses war die Sowjet-Union, die sich der amerikanischen Empörung bediente. [...] Die wirkliche Frage ist nur, ob Deutschland in den russischen oder den amerikanischen Großraum (Interventionsbereich) gehört. (GL 87f)

Seinem Enkelschüler Wilhelm Grewe (1911–2000), einem Architekten der Adenauer-Republik, schreibt er zu dessen Publikationen:

Wir vollziehen in uns selbst einen Prozeß, subjugiert, geviertteilt, zertreten und doch ›in Nichts vernichtet‹. Die geistige Leistung und der Stil Ihrer Argumentation zeigt mir, daß weder der Westen noch der Osten sich heute rühmen kann, sich und uns und die heutige Welt besser zu kennen, als wir sie und uns selbst kennen. In dieser Richtung liegt der Gesamteindruck, den ich bei der Lektüre Ihrer Darlegungen[54] empfange. Ihre Darlegungen stehen freilich im Rahmen einer Diskussion und enthalten alle Rücksichten, Vorbehalte, taktischen Vorteile und Nachteile und was sonst alles mit solchen Encadrierungen gegeben ist. [...] Es wäre aufschlußreich, die Frage nach dem oder den eigentlichen Herren dieses Verfahrens auch geschichtlich, soziologisch und psychologisch zu stellen. [...] Das Problem der Neu-Kriminalisierungen und Poenalisierungen muß doch jeden denkenden Juristen plagen, der weiß, was es in der Bürgerkriegsrechtsgeschichte der Menschheit in dieser Hinsicht schon alles gegeben hat, von der ›Häresie‹ und der Tyrannei (mit schönen Konnexdelikten wie Schmeichelei und Favoristismus angefangen), neben den modernen Auflösungen des Strafrechts in Vernichtung der Schädlinge, bis zu den biologistischen Kriminalisierungen der Krankheit in Samuel Butlers

---

[54] Wilhelm Grewe, Referat über das Völkerrecht des Nürnberger Prozesses, in: Nürnberg als Rechtsfrage. Eine Diskussion, Stuttgart 1947, S. 7–53; ders., Ein Besatzungsstatut für Deutschland. Die Rechtsformen der Besetzung, Stuttgart 1948.

Erewhon,[55] über die wir nach unseren Erfahrungen kaum noch zu lachen wagen. Die siegreichen Nordstaaten haben 1864 schauerliche Greueltaten begangen. Aber sie haben es doch anscheinend versäumt, die Sklavenhalter mit rückwirkender Kraft zu kriminellen Verbrechern zu stempeln. In künftigen Bürgerkriegen wird man das wahrscheinlich nicht versäumen. (GL 90)

Schmitt vergleicht hier die Haltung der USA zum Nationalsozialismus mit den siegreichen Nordstaaten im Sezessionskrieg, assoziiert die rassistischen Verbrechen des Nationalsozialismus mit den Sklavenhaltern der Südstaaten. Diese fragwürdige Analogie zwischen dem Sezessionskrieg und dem Zweiten Weltkrieg erörtert er im *Nomos der Erde* (NE 274ff) zwar ausführlicher, zur Strafverfolgung der NS-Verbrechen schweigt er dort aber ostentativ; er verweist nur auf die Rechtsgrundlage des Londoner Statuts von 1945 und schreibt: »Die Kriminalisierung nahm jetzt ihren Lauf. An diesem Punkt brechen wir unsere Erörterung ab.« (NE 255) Schmitt lehnte die Strafverfolgung der nationalsozialistischen Greueltaten damals jedoch nicht pauschal unter Verweis auf mangelnde Rechtsgrundlagen ab, etwa mit Verweis auf das Rückwirkungsverbot. Sein Rechtsgutachten *Das internationalrechtliche Verbrechen des Angriffskrieges und der Grundsatz*

---

[55] Utopischer Roman, Satire auf die viktorianische Gegenwart in der Nachfolge Swifts: Samuel Butler, Erewhon, or Over the Range, London 1872.

›*Nullum crimen, nulla poena sine lege*‹ grenzte 1945 bereits zwei Arten von Kriegsverbrechen aus der eigentlichen Fragestellung aus: die Verbrechen im Krieg und die »unmenschlichen Grausamkeiten«, durch die Täter zum »outlaw« (VA 16) werden. Diese sadistischen Verbrechen kennzeichneten den nationalsozialistischen Terror. Schmitt schreibt:

Die atrocities im besonderen Sinne, die vor dem letzten Weltkrieg und während dieses Krieges begangen worden sind, müssen in der Tat als ›mala in se‹ betrachtet werden. Ihre Unmenschlichkeit ist so groß und so evident, dass es genügt, die Tatsachen und den Täter festzustellen, um ohne jede Rücksicht auf bisherige positive Strafgesetze eine Strafbarkeit zu begründen. Hier treffen alle Argumente des natürlichen Empfindens, des menschlichen Gefühls, der Vernunft und der Gerechtigkeit in einer geradezu elementaren Weise zusammen, um einen Schuldspruch zu rechtfertigen, der keiner positiven Norm in irgendeinem formalen Sinne bedarf. Hier braucht auch nicht danach gefragt zu werden, wieweit die Täter eine verbrecherische Absicht, ein criminal intent, hatten. Das alles versteht sich hier von selbst. Wer angesichts solcher Verbrechen den Einwand des ›nullum crimen‹ erheben und auf die bisherigen strafgesetzlichen Bestimmungen verweisen wollte, würde sich selbst in ein bedenkliches Licht setzen. (VA 23)

Diese Ausführungen sind eigentlich unmissverständlich. Ob Schmitt sie in seinem Rechtsgutachten nur strategisch und vorbehaltlich konzedierte, ist schwer zu sagen. An der Legalität und Legitimität der Nürnberger Prozesse hat er später jedenfalls oft gezweifelt. 1937 veröffentlichte er bereits einen Aufsatz *Der Begriff der Piraterie*, der den geschichtlichen Wandel des Typus betont; 1949 publizierte er einen pseudonymen *Völkerrechts*-Grundriss, der die Entwicklung zum »Weltverbrecher« und »Kriegsverbrecher« differenziert skizziert:

> Der Seeräuber gilt nämlich seit alten Zeiten als ein ganz besonders gefährlicher Verbrecher, schlimmer als ein Straßenräuber und schlimmer noch als ein Autofallensteller. Er gilt als ein Feind des Menschengeschlechts, als ein hostis generis humanam. Als solcher ist er geächtet, d.h. er steht außerhalb des Rechts; er ist out-law, friedlos und vogelfrei. Jeder Staat, der seiner habhaft wird, kann ihm kurzen Prozeß machen, kann ihn hängen und sich Schiff und Ware aneignen. Auch hier ist das Schiff als solches der eigentliche Träger, für eine ursprünglich maritime Auffassung echter Seevölker sogar das eigentliche Subjekt. Wer auf einem Piratenschiff mitgefangen wird, wird mitgehangen, auch wenn er nur der Schiffskoch oder nur ein zufällig mitreisender Passagier war. So lesen wir es in vielen Seeräubergeschichten und so ähnlich wurde es früher wohl auch gehandhabt. Der Pirat war eben ein Feind der Menschheit; er war geächtet und outlaw. Die Piraterie ist nicht nur ein Urbeispiel eines Verbrechens gegen die Menschlichkeit, sondern auch eines völkerrechtlichen Verbrechens. Der Pirat wird damit zu einer unmittelbar völkerrechtlichen Figur. (FP 764)

Als »Weltverbrecher« gehört er vor einen erst noch zu schaffenden internationalen Strafgerichtshof, führt Schmitt weiter aus (FP 765f); davon unterscheidet er verschiedene Arten von Kriegsverbrechern: »Kriegsverbrecher im alten Sinne«, zu denen er etwa die Partisanen zählt, sowie Verbrecher gegen die »Menschlichkeit« und den Frieden. Die Nürnberger Prozesse, die »Verbrechen gegen die Menschlichkeit« aburteilten, erfolgten als »internationale Militärtribunale« und Gerichte »sui generis« (FP 769), meint Schmitt. Davon sei der Täterkreis der »Verbrechen gegen den Frieden« noch zu unterscheiden, der eine »Zugehörigkeit zum ›inneren Kreis der Umgebung Hitlers‹« (FP 771) erforderte. Ein Gerichtsurteil entschied damals, dass die »offenstehenden Möglichkeiten zur Bestimmung oder Beeinflussung der Politik eines Staates« (FP 771) genügten. Damit wurde jeder Mensch »wenigstens potentiell« zum »unmittelbar verantwortlichen Völkerrechtssubjekt«, meint Schmitt und schließt: »Die Entthronung des Staates ist hier gelungen.« (FP 772) Der Status des »Weltbürgers« sei aber noch nicht geschaffen:

Ein mit der Effektivität innerstaatlicher Garantien ausgestatteter Schutz der Menschenrechte jedes einzelnen Menschen wäre wohl nur in einem zentralisierten Weltstaat und einer Weltverfassung möglich. Solange die Staaten als unmittelbare Völkerrechts-Subjekte anerkannt sind, wird der einzelne Staatsbürger oder staatsunterworfene Mensch völkerrechtlich mediatisiert. (FP 776)

Wenn Schmitt gegenüber dem befreundeten Hans Barion eine Anklage Benito Cerenos wegen Piraterie vor einem Sondergericht imaginiert, scheint er den älteren Begriff vom Piraten als »Feind des Menschengeschlechts« anzulegen, nicht das neuere Delikt der »Verbrechen gegen die Menschlichkeit«. Zwar betrachtete er sich nach 1945 primär als Opfer; gegenüber Barion scheint er aber eine Mittäterschaft, gar als »Kapitän«, zuzugeben, jedenfalls nicht ganz auszuschließen, was sich primär auf seine Rolle bei der Gleichschaltung von Rechtswissenschaft und Justiz, im engeren Sinne auf seinen Schülerkreis beziehen ließe. Hatte Benito Cereno das Recht, die Mannschaft des Robbenfängers zu gefährden? Auf diese Schuld zielt Schmitt nicht. Sein Benito Cereno ist ein armes, bemitleidenswertes Opfer. Noch beim Sprung ins rettende Boot ist er kaum Akteur. Seine Mitschuld klingt nur am Schluss der Novelle an, wenn der Losungsspruch der Meuterer – »Folgt eurem Führer« – als Totengeist wirkt. »Don Benito« folgt Babo nach.[56]

---

[56] Kafkas Novelle *In der Strafkolonie* hat einige thematische Verwandtschaft mit *Benito Cereno*. Kafka thematisiert hier das kommende Ende des Kolonialismus und ein Ende der Todesstrafe bzw. die Humanisierung des Strafvollzugs. Ein Offizier demonstriert einen terroristischen Hinrichtungsapparat, um für Akzeptanz bei einem kulturrelativistischen ethnologischen »europäischen« Forschungsreisenden zu werben. Als der aber die »Unmenschlichkeit« des Verfahrens kritisiert, legt sich der Offizier in traditionaler Offiziersehre selbst suizidal

Schmitt deutet einen Unterschied zwischen Militärgerichten und Sondergerichten an. Nürnberg betrachtete er als politische Justiz und Sondergericht »sui generis«. 1947 hätte er seine eigenen Erfahrungen mit dem Nürnberger Untersuchungsprozess aber durchaus positiver schildern können; schließlich wurde er ohne Anklage und Verurteilung im Vorfeld freigesprochen und entlassen; er bekam für seine Haftzeit sogar die Entschädigung eines »Zeugengeldes« (CSDS 286), zu einem Zeitpunkt, als in der SBZ Sondergerichte kurzen Prozess machten. Jahrzehnte später schreibt Schmitt gelegentlich auch versöhnlicher, dass er im Camp und in Nürnberg »oft genug an den gutmeinenden Delano erinnert

---

unter die Maschine. Die Novelle schließt – ähnlich wie *Benito Cereno* – mit der »Prophezeiung« einer »Wiedereroberung der Kolonie« (KE 236) durch die Anhänger des alten Kommandanten und einer Rückkehr zum »alten Brauch«. »Strafkolonie« und »Sklavenschiff« sowie das kolonialistische (südamerikanische?) Ambiente ermöglichen einen Vergleich. Anders als Melvilles nordamerikanischer Kapitän Delano verweigert der europäische Forschungsreisende den »Bürgern der Strafkolonie« die Flucht: »Sie hätten noch ins Boot springen können, aber der Reisende hob ein schweres, geknotetes Tau vom Boden, drohte ihnen damit und hielt sie dadurch von dem Sprunge ab.« (KE 236) Während Delano Menschenrechte durchsetzt, schottet der Forschungsreisende die Festung Europa ab und sperrt sich gegen die Migrationsfolgen seines Kolonialismus. Kafka kritisiert diese politische Haltung gegenüber der »Prophezeiung« der Rückkehr zur alten kolonialistischen Gewalt freilich.

wurde«.⁵⁷ So fragwürdig seine negativen Bemerkungen deshalb auch sind, so abwegig der Vergleich seiner Haftbedingungen mit dem Holocaust, hätte man eine Literarisierung seiner Erfahrungen dennoch gerne gelesen. Bei Lebzeiten äußerte er sich dazu aber nur selten. Seine pseudonymen Ausführungen

---

[57] Schmitt am 19.8.1972 an Marianne Kesting, in: Martin Tielke (Hg.), Carl Schmitts Briefwechsel mit Marianne Kesting (1959–1983), in: Schmittiana N.F. III (2016), S. 251–316, hier S. 307: »Mir selber lag es dagegen seit 1933 nahe, meine eigene Situation zu bedenken, und das steigerte sich seit 1939 fortwährend bis ins amerikanische Camp und Nürnberg, wo ich als Objekt amerikanischer Reeducation oft genug an den gutmeinenden Delano erinnert wurde und wo ich mir vornahm, auf meine alten Tage, und zwar unter dem Gesichtspunkt und unter dem Titel: ›Education of Henry Adams – Reeducation of Carl Schmitt‹.« Solche Hafterinnerungen hat Schmitt wohl nicht mehr geschrieben. Nach 1945 regte er vielfältige Auseinandersetzungen mit Melville im Kreis an. Der wichtigste Ertrag wurde Kestings dokumentarische Edition (Hermann Melville, Benito Cereno. Vollständiger Text der Erzählung, Dokumentation, 1972, 2. erw. Aufl. Frankfurt 1983) sowie die gewichtige Korrespondenz. Marianne Kesting deutete Melville – im Brief vom 25.11.1968 an Schmitt (hier S. 268f) – als »Auseinandersetzung zwischen den amerikanischen Nordstaaten und dem sklavenhaltenden Südamerika« und Kritik am »Wahn nordamerikanischer Harmlosigkeit«. Schmitt lehnte Kestings Aktualisierung der Parabel für die Lage der »Black-Power-Bewegung« und Rassenfrage (»Neger-Sklaven-Problem«) um 1970 ab, weil er darin eine Abkehr von der »Frage Amerika-Europa im Werk Melvilles« (S. 270) und der Symbolisierung seiner Lage im Nationalsozialismus sah.

im *Völkerrechts*-Repetitorium zur Nachkriegslage nach 1945 nahm er erstaunlicherweise auch nicht in den *Nomos der Erde* auf.

Schmitt ist auf das Verhalten seines Helden B.C. vor Gericht neugierig: »Wird er auf diesen Begriffsteppich treten? Wird er schweigen?« Gemeint sind die »Grundlagen« des Prozesses: Wird er sich dazu als Täter äußern? Als juristisch versierter Angeklagter Legalität und Legitimität im Verhör thematisieren und in Frage stellen? Wird er als Angeklagter also zum Kläger werden, der das Sondergericht als politische Justiz kritisiert? Schmitt selbst hat mit *Ex Captivitate Salus* seinen »Fall« zu erklären versucht, ohne in die öffentliche Kontroverse um »Nürnberg als Rechtsproblem« offensiv einzutreten. Das schreibt er auch Grewe: »Aber schließlich erscheint das Ganze doch als Diskussion, und es steht mir nicht zu (und auch nicht an), mich daran zu beteiligen.« (GL 90) Auch seine engsten Schüler haben sich nicht öffentlich in diesen Debatten exponiert; dazu waren sie viel zu betroffen und belastet. Sie hätten nicht als Wissenschaftler sprechen können und wären nicht gehört worden. Schmitt fragt aber: »Wird er schweigen?« Diese Frage wird er 15 Jahre später in der *Theorie des Partisanen* mit dem Fall des französischen Generals Salan beantworten, der in Algerien gegen de Gaulle putschte.

Ein paar Wochen später, am 8. Januar 1948, notiert Schmitt aus seiner Antwort an Barion:

(An H. Barion:) Es dient der Verständigung und dem Gespräch, wenn wir einige gemeinsame Figuren und Modell-Situationen haben, auf die wir Bezug nehmen können, wie z.B. Benito Cereno oder den Un-Helden von Kafkas ›Prozeß‹. Es hat mir gut getan und mich gestärkt, daß Sie den Kafka nur von der satirischen (nicht, wie er gemeint ist, von der tragisch-stöhnenden) Seite her nehmen. Das ist ein Zeichen ihrer ungebrochenen Gesundheit. Vielleicht liegt es auch daran, daß Sie noch nicht tief genug in den säkularisierten Justizbetrieb hineingeschaut haben. Ich bin in dieser Hinsicht etwas belastet. Mir hat als jungem Referendar, 1912, ein berühmter Anwalt eines Nachts, im Zustande vollkommener Aufrichtigkeit als letzten Ausdruck seiner intimsten Wünsche und seines Begriffes vom ›Rechtsstaat‹ das Arcanum seiner Existenz enthüllt mit dem Satze: Es dürfte keine letzte Instanz geben. (GL 59)

Benito Cereno ist ein Modell, wie Brechts Lehrstücke es sind. Schmitt betont mit der »Modell-Situation« die Aktualität der Parallelisierung und deutet Vorbehalte gegen Kafka an, indem er von dessen Krankheit spricht, konstruiert eine Alternative zwischen der satirischen Auffassung der Texte und der Psychologie ihrer Entstehung. Schmitt scheint zu sagen: Kranke Autoren können keine starken Texte verfassen, die die gegenwärtige Lage dystopisch erhellen! Ihre Dichtung verweist symptomatisch nur auf die eigene Krankheit; sie ist *Der Bau*, von dem Kafka virtuos erzählte, der Überbau oder Fuchsbau, mit dem Arendt Heideggers Werk verglich,[58] die Fal-

---

[58] Arendts berühmte Parabel von Heideggers Fuchsbau aus

le, in die sich der Autor verstrickt. Kranke Autoren sind einer »konkreten« Verortung und Situierung ihrer symptomatischen Prosa gar nicht fähig! Ist das gemeint, so sind solche Thesen offenbar unhaltbar; eine satirische Deutung von Kafkas Texten ist heute gut vertretbar. Satirische Kafka-Lektüren sind geradezu Legion. Max Brod verwies schon im Nachwort zum *Amerika*-Fragment (KA 359) auf Charlie Chaplin. Es ist kein besonderes Verdienst und Zeichen »ungebrochener Gesundheit«, Kafka als zeitdiagnostische Satire zu lesen; Schmitt selbst macht es.

Es gibt eine weitere Kafka-Bemerkung im *Glossarium*, die in ähnliche Richtung geht; Schmitt scheint Kafka hier gleichsam mit Thomas Manns *Zauberberg* zu verwechseln oder, was möglich ist, als besseren Autor des *Zauberberg* zu wünschen. Am 21. September 1955 imaginiert er als »Thema für Kafka«:

Groteske Konstruktion einer Heil- (Heils-)Anstalt, in der man weder gesund noch ganz krank, sondern eben immer nur ›verwundet‹ ist, und nur soweit geheilt werden kann, wie es notwendig ist, um in der Anstalt zu bleiben. Es ist unmöglich, die Anstalt als geheilt zu verlassen. Andererseits garantiert einem die Anstalt, daß man nicht stirbt. Groteske Complexio oppositorum als Neutralisierung zum Zweck der Totalisierung. Thema für Kafka. (GL 321)

dem Denktagebuch ist abgedruckt in: Hannah Arendt / Martin Heidegger, Briefe 1925–1975, hrsg. von Ursula Ludz, Frankfurt 1998, S. 382f.

Thomas Mann hatte die Davoser Sanatoriumswelt als ein solches Geschäftsmodell aufgefasst. Schmitt kannte es gut, weil seine Frau Duschka in den 1920er Jahren jahrelang lebensgefährlich an Tuberkulose erkrankt war und lange Wochen und Monate teils in äußerster Lebensgefahr in Krankenhäusern und Sanatorien verbrachte. Überdies war er 1928 von dem bedeutenden Soziologen Gottfried Salomon auf die ersten Davoser Hochschulwochen eingeladen worden, für die Manns *Zauberberg* ein Modell war.[59] Im April 1928, wenige Tage vor seinem Wechsel nach Berlin, nahm er an dieser großen Tagung teil und sprach über »moderne Verfassungslehre«. »Groteske Complexio oppositorum als Neutralisierung zum Zweck der Totalisierung. Thema für Kafka.« Diese Bündelung eigener Termini ist leicht ironisch: Schmitt bezeichnete die Katholische Kirche als »complexio oppositorum« und sprach in seinem *Begriff des Politischen* von einem neuzeitlichen Prozess der »Neutralisierungen und Entpolitisierungen«, der mit der liberalen Verschleierung politischer Energie und Macht, qua Auslegung als Ethik und Wirtschaft, in eine totale Politisierung umschlug, die nur ein »qualitativ« starker Staat mit klarer politischer Herrschaft und Führung partiell entpolitisieren könne. Schmitt überträgt diesen »Zwischenzustand« zwischen Krieg und Frieden

---

[59] Schmitts Korrespondenz mit Gottfried Salomon in: Schmittiana N.F. III (2016), S. 86–102.

im Kafka-Notat nun auf den Zwischenzustand zwischen Gesundheit und Krankheit, den die Heil-Anstalt als »Heils-Anstalt« mit fragwürdiger Ideologie und Esoterik verwaltet. In Manns *Zauberberg* ist die psychoanalytische »Seelenzergliederung« des Dr. Edhin Krokowski eines dieser trügerisch-betrügerischen Heilsversprechen. Kafka spricht im *Prozess* zwar nicht von »Neutralisierung«, wohl aber von der »Verschleppung« des Verfahrens. Benjamin schreibt dazu lapidar: »Aufschub ist im ›Prozeß‹ die Hoffnung des Angeklagten – ginge nur das Verfahren nicht allmählich ins Urteil über.«[60] Dazu zitiert Schmitt in der Annotierung seiner Antwort ein kafkaeskes Geständnis:

Mir hat als jungem Referendar, 1912, ein berühmter Anwalt eines Nachts, im Zustande vollkommener Aufrichtigkeit als letzten Ausdruck seiner intimsten Wünsche und seines Begriffes vom ›Rechtsstaat‹ das Arcanum seiner Existenz enthüllt mit dem Satze: Es dürfte keine letzte Instanz geben. (GL 59)

Der Leser der frühen Tagebücher denkt hier sogleich an den Düsseldorfer Mentor: den »Geheimrat« und späteren preußischen Justizminister Hugo am Zehnhoff. Der unendliche Prozess ist ein einträgliches anwaltliches Pendant zum liberalen und parlamentarischen »unendlichen Gespräch«, das Schmitt spätestens seit seiner *Politischen Romantik*

---

[60] Benjamin, Franz Kafka, 1966, S. 257.

inkriminierte. Die briefliche Bemerkung setzt eine Pointe; ob der Satz aber 1912 wirklich je gefallen ist, lässt sich nicht klären, im erhaltenen Tagebuch ist er nicht notiert; Schmitts Deutung als existentielles Arcanum des liberalen Rechtsstaates und advokatorischen Ethos ist jedenfalls eigene Zutat und entspricht seiner Kritik des »bürgerlichen Rechtsstaats« und des Liberalismus. Schmitt generalisiert mit solchen Worten seine Sicht der politischen Justiz und Sondergerichte im Nachkriegsdeutschland.

Eine letzte wichtige Bemerkung zu Kafkas *Prozess* findet sich am 29. August 1950 im Kontext kritischer Bemerkungen zu Heidegger:

Die Ortschaft. Er hütet sich, einen Ort zu nennen. Er sagt nicht Rom und sagt nicht Lake Success. Ich aber spreche wie ein Kind die Namen aus und werde dadurch zum prädestinierten Schlachtopfer des Ritualmords, wie Kafkas Angeklagter im Prozeß. Ich lebe nur noch davon, daß die Lemuren, die mich verfolgen, keiner Riten und keines Ritualmords mehr fähig sind. Das ist meine Rettung. (GL 236f)

Die Formulierungen sind krass: unendlicher Prozess, Sondergericht, Ritualmord. Kafkas berühmter Roman karikiert das liberale Rechtsstaatsmodell. Der Staatsrechtler Bodo Pieroth meinte dazu:

Es liegt auf der Hand, dass der im Roman beschriebene Prozess mit einem rechtsstaatlichen Gerichtsverfahren aber auch gar nichts zu tun hat. Um nur die allergröbsten

Verstöße kurz zu benennen: Die Verhaftung verstößt gegen das Grundrecht der Freiheit der Person (Art. 2 Abs. 2, Art. 104 GG), das Verfahren gegen die Prozessgrundrechte des effektiven Rechtsschutzes (Art. 19 Abs. 4 GG), des gesetzlichen Richters (Art. 101 GG), des rechtlichen Gehörs (Art. 103 Abs. 3 GG), außerdem gegen die nicht im Grundgesetz eigens genannten, aber vom Bundesverfassungsgericht auch wegen ihrer Normierung in der Europäischen Menschenrechtskonvention als Bestandteil des Rechtsstaatsprinzips angesehenen Garantien der Unschuldsvermutung, des Schuldprinzips, des Bestimmtheitsgebots, der Gerichtsöffentlichkeit und des fairen Verfahrens, das auch eine Entscheidung in angemessener Zeit umfasst. Verfassungsrang hat schließlich das Verbot der Todesstrafe (Art. 102 GG).[61]

Aus der personalen Perspektive des Verfolgten beschreibt Kafka die Ohnmachtserfahrung im autoritär-bürokratischen Anstaltsstaat, Wirkungen grundloser »Verhaftung« auf die Mitwelt (Vermieterin, Freundin, Firma), die Diskrepanz zwischen liberalem Rechtsvertrauen und der Willkür eines hyperkomplexen, skrupellos korrupten Herrschaftsapparates, den der Angeklagte K. bald verschwörungstheoretisch als »große Organisation« wahrnimmt, ohne eine souveräne und personale Spitze der Herrschaft zu identifizieren und also konkrete Feinde benennen zu können. Der »Strafprozeß« (KP 115) ist nicht öffentlich, in allen Ak-

---

[61] Bodo Pieroth, Recht und Literatur. Von Friedrich Schiller bis Martin Walser, München 2015, S. 95.

teuren und Verfahren geheim. Eine formale Anklage oder Verteidigung gibt es nicht. Man kann auch nur vermuten, dass die Dynamik des Verfahrens von persönlichen Beziehungen (KP 142) abhängt. Kafkas damalige politische Haltung, seine sehr vorbehaltliche Neigung zum Kulturzionismus und Sozialismus, spielt hinein, scheint aber sekundär gegenüber der abstrakten Modellierung der Irrationalität korrupter Herrschaft der Bürokratie, die keine gesetzesförmige Rechtssicherheit kennt.

Der durch familiäre Beziehungen (Onkel Albert K.) gewonnene Verteidiger ist ein »Winkeladvokat«; K. entzieht ihm das Mandat, als er über den Gerichtsmaler Titorelli scheinbar präzisere Informationen über das Ende des Verfahrens erhält. Es darf (kann, sollte) keine letzte Instanz geben! Der Gerichtsmaler, der vielleicht nähere Kontakte hat, erklärt »drei Möglichkeiten« (KP 184ff) der »Befreiung« oder des Endes: wirkliche oder scheinbare »Freisprechung« oder »Verschleppung« des Verfahrens im »Zustand der Latenz« (P.-A. Alt).[62] Strategisch erscheint dabei nur der dritte Weg der »Verschleppung« im »niedrigsten Prozeßstadium« (KP 193) sinnvoll, weil alles andere viel zu ungewiss bleibt. Die Entlassung des Winkeladvokaten, schon der Versuch derselben, könnte deshalb ein tödlicher Fehler gewesen sein. Näheres weiß man nicht. K. zeigt »nicht genügend Vertrauen« (KP 225) in das System und will allein

---

[62] Alt, Kafka, 2005, S. 406.

agieren und eine Eingabe machen. »Im Dom« predigt ein Geistlicher über die Parabel *Das Gesetz*, die Kafka gesondert veröffentlichte und als Publikation anerkannte: gleichsam als den – vieldeutigen[63] – Grundtext zum Kommentar, den der Roman entwickelt. »Wie stellst Du Dir das Ende vor?«, fragt der Geistliche (KP 252). Seine Rolle entspricht dem Türhüter in der Parabel, dieser reflexiven Verdichtung des Spiels im Spiel. K. will aber »fortgehen«, anders als der »Mann vom Lande«, der in der Parabel vor der Tür wartet und verstirbt. Der Geistliche, »Gefängniskaplan«, akzeptiert diesen Willen, erklärt: »Das Gericht will nichts von dir. Es nimmt dich auf, wenn du kommst, und es entläßt dich, wenn du gehst.« (KP 265) Zwei Herren im Zylinder führen K. »mit dessen vollem Einverständnis« zu einer Art Schlachtbank in einem »Steinbruch«:[64]

Er hob die Hände und spreizte alle Finger. Aber an K.'s Gurgel legten sich die Hände des einen Herren, während der andere das Messer ihm ins Herz stieß und zweimal

---

[63] Zur Auslegungsvielfalt jetzt Christoph Bezenek (Hg.), Vor dem Gesetz. Rechtswissenschaftliche Perspektiven zu Franz Kafkas »Türhüterlegende«, Wien 2019.

[64] Kafka hat dienstlich über die Unfallverhütung in gewerblichen Steinbrüchen berichtet, in: Amtliche Schriften, S. 186–267, bes. S. 250ff; zur Hinrichtungsmethode notierte er am 2. November 1911 – also Jahre vor der Niederschrift des Romans – ins Tagebuch (KTB 137, vgl. S. 305, S. 507ff): »Heute früh zum erstenmal seit langer Zeit wieder die Freude an der Vorstellung eines in meinem Herzen gedrehten Messers.«

dort drehte. Mit brechenden Augen sah noch K., wie die Herren, nahe vor seinem Gesicht, Wange an Wange aneinander gelehnt, die Entscheidung beobachteten. ›Wie ein Hund!‹, sagte er, es war, als sollte die Scham ihn überleben. (KP 272)

Die beiden Herren beantworten Kafkas Anspielung auf die gottverlassene Kreuzigung mit einer noch brutaleren und archaischen Hinrichtungsmethode, die Schmitt als »Ritualmord« bezeichnet. Sie erinnert über mittelalterliche Tötungsmethoden hinaus an Pfählung, an außereuropäische Menschenopfer (Herzopfer der Azteken). Ein »beiderseitig geschärftes Fleischermesser« (KP 271) ist aber kein typisches Ritualmesser, das religiösen Riten vorbehalten bleibt. Eine klare religiös-zeremonielle oder juridische Form hat die Tötung im Steinbruch nicht.

Eine existentialistische Lesart könnte mit Schmitt und Heidegger lauten, dass K. sich für sein eigenes »Sein zum Tode« positiv entschieden hat, anders als der eher naiv in Naturzyklen lebende »Mann vom Lande« der Parabel. Das Kapitel *Im Dom* endet mit der politisch-theologischen Erklärung des Geistlichen: »Das Gericht will nichts von dir. Es nimmt dich auf, wenn du kommst, und es entläßt dich, wenn du gehst.« K. entschied sich für diesen letzten Schritt, den Gang durch die Tür oder in den Tod, die »Entscheidung«, den Übergang vom Verfahren zum Urteil, der eigentlich bereits in dem Moment begann, als K. den Advokaten entließ. Der letzte

Satz des Romans lautet: »›Wie ein Hund!‹, sagte er, es war, als sollte die Scham ihn überleben.« Wenn K. hier sein Sterben kommentiert, dann markiert er den exzentrischen Moment der Trennung von Geist und Leben: die spezifisch humane Wahrnehmung der Animalität, die Scham konstitutiert. K. schämt sich nicht für seinen Tod, auch nicht für seine Henker oder Mörder, sondern für seine animalische Verfassung.

Schmitts Auffassung von Kafkas *Prozess* als Kritik am »säkularisierten Justizbetrieb«, als Sondergericht, und von K. als »Schlachtopfer« eines Ritualmordes ist also nicht unzutreffend; sie ließe sich existentialistisch als Konfrontation eines von herrschaftlichen Machtverhältnissen strukturierten Alltags mit dem eigenen »Sein zum Tode« deuten. Während Kafka den geradezu terroristisch verrechtlichten Alltag aber als Satire auf den bürokratischen Anstaltsstaat seiner Zeit entwarf, näherhin der spätkonstitutionellen, von Krieg, Sezessionen und Revolutionen erschütterten Verhältnisse in der Doppelmonarchie, identifizierte Schmitt sich nach 1945 mit K.'s Prozess, auch mit der religiösen Perspektive seines Endes, in der strikten Analogie zur eigenen Verhaftung nach Kriegsende. Wichtig ist hier auch, dass er seine erste Inhaftierung im Camp unzutreffend – Karl Löwenstein (AN 12) hatte seine Verhaftung veranlasst – als »automatischen Arrest« einer niederen Anklage wahrnahm, nicht als gezielte Aktion eines exponierten Akteurs, und die Deutung seines Prozesses zwischen einer starken Personalisierung und der Annahme eines unheimlichen Kollektivprozesses schwankte.

Bald verdächtigte Schmitt diverse Personen seiner Anklage, sah sich als »Sündenbock« der Zunft und gab einstigen Kollegen eine interessierte Mitschuld an seiner Lage; die Verantwortung adressierte er aber primär – faktisch nicht ganz unzutreffend (z.B. Löwenstein) – an »rachsüchtige Emigranten«. Seine wütende Empörung über die eigene Lage resultierte dabei aus einer starken Unschuldsthese. Anders als Kafkas K. behauptete Schmitt nicht seine Unschuld; er wusste aber, dass es jenseits der Verschleppung des Verfahrens und eines Freispruchs noch diverse Formen des Anklageverzichts gibt. Allerdings: Schmitt meinte auch, dass die Sieger zur Aburteilung der NS-Taten neue Tatbestände schufen. Die Menschenrechtserklärungen betrachtete er als eine – rechtsstaatlich problematische – Legalisierung und Legitimierung der Siegerjustiz. Gegen Heidegger meinte er: »Er sagt nicht Rom und sagt nicht Lake Success.« Die Haltung Roms, der Katholischen Kirche, zu den NS-Verbrechen erörterte er damals nicht näher. Böckenfördes[65] aufrüttelnde Aufsätze zur Mitschuld der Kirche an der Stabilisierung des NS-Systems, »Neutralität« nach dem Reichskonkordat, bejahte er später aber; 1965 gab er seinem Kreis dann eine

---

[65] Gesammelt: Ernst-Wolfgang Böckenförde, Kirchlicher Auftrag und politische Entscheidung, Freiburg 1973.

halböffentliche Erklärung ab, die die Anerkennung der UNO durch den Papst kritisierte.[66]

Schmitts Kritik der Siegerjustiz zielt auf die Legalisierung und Legitimierung der Verfahren durch »Menschenrechte«. Sie richtet sich gegen eine Verwechselung von Macht mit Recht, politisiert und personalisiert die Prozesse und spricht die Namen aus: Lake Success, im Bundesstaat New York, meint ein militärisches Sperrgebiet, das 1946 bis 1951 als UN-Hauptquartier der Vereinten Nationen diente, weil dessen Gebäude am Ostufer Manhattans gerade erst errichtet wurde. Schmitt macht sich über Heideggers »seinsgeschichtliche« Rhetorik der Neutralisierung und Entpolitisierung lustig, die nicht einmal die eigene Stoßrichtung gegen »Rom« offen ausspricht, sich also nicht deutlich gegen Katholizismus und Christentum erklärt, während Schmitt mit »Lake Success« seine anti-universalistische Stoßrichtung gegen die »Einheit der Welt«, Menschenrechts-Erklärungen, Menschenrechtspolitik und internationale Strafgerichtsbarkeit im Namen der »Menschheit« deutlich benennt. Die Akteure dieser justizförmigen Politik nennt er »Lemuren«, gespenstische Totengeister und Phantasmen archaischer Riten und Ritualmorde, die Schmitt antisemitisch codiert, wenn er sie mit Kafka enger verbindet. Der

---

[66] Abdruck in: Dorothee Mußgnug u.a. (Hg.), Briefwechsel Ernst Forsthoff / Carl Schmitt (1926–1974), Berlin 2007, S. 463–464.

Hieb gegen Heidegger trifft: Heidegger kämpfte nach 1945 mit seinen Schriften weiter gegen Rom, obgleich der aktuelle Feind – so Schmitt – längst mit der UNO in New York oder einem Sperrgebiet der US-Army saß. Heidegger war auch kein Freund der Menschenrechte. Anders als Schmitt hielt er sich aber mit Kritik an der Bundesrepublik zurück. Den Universalismus der Menschenrechte betrachtete er vermutlich als ein letztes Ende der metaphysischen »Verwesung« des Platonismus und Idealismus. Diese Menschenrechtspolitik wurde dem Grundgesetz mit der »Menschenwürde« und »unmittelbaren« Drittwirkung der Grundrechte inkorporiert, weshalb Schmitt die Karlsruher Verfassungsrichter in einem Spottgedicht auf die Bundesrepublik auch mit »Lemuren« verglich. 1961 dichtete er:

> In Karlsruhe wächst ein Gummibaum
> Lemuren schlurfen durch den Raum
> und hängen ihren Wertetraum
> als Schmuck an ihren Gummibaum
> Nanu –
> Was sagst denn du dazu?
> Wir sagen: psst – tabu![67]

Die Karlsruher Richter und Vertreter einer menschenrechtlichen Wertbegründung des Rechts bezeichnet Schmitt hier als Gespenster eines ab-

---

[67] Gedichte für und von Carl Schmitt, Plettenberg 2011, S. 25.

strakten normativistischen Wertverständnisses, das die Machtgrundlagen und konkrete Verortung seiner universalistischen Menschenrechtsrhetorik ignoriert und deshalb Politik mit Moral und Recht verwechselt. Der Autor des Gedichts, Schmitt, empfiehlt dazu – im gebieterischen Plural und Namen der Schmitt-Schule – politisches Schweigen. Psst: Plaudere das offene Geheimnis nicht aus, dass »Karlsruhe« seine Souveränität an die Menschenrechte und die UNO abgegeben hat. Fürchte die Rache der Lemuren!

So strittig Schmitts Bemerkungen auch sind – als USA-Bashing in der bundesdeutschen Linken aber weiter beliebt –, dürfte die Verknüpfung der zeitgenössischen »Lemuren« mit archaischen Riten und »Ritualmord« noch anstößiger sein. Dabei schreibt Schmitt explizit, dass die zeitgenössischen Totengeister eigentlich »keiner Riten und keines Ritualmords mehr fähig« seien. Das entspricht Heideggers »Verwesungs«-Befund, den Schmitt jedoch durch die Rede vom »Ritualmord« politisiert: Er zitiert aus dem Arsenal antisemitischer Mythen, die weiter wirksam sind. Ritualmordlegenden gehören seit dem Mittelalter zu den geläufigsten antijudaischen und antisemitischen Stigmata. Es ist zu konzedieren, dass die Forschung Kafkas archaisierende Stilmittel vielfach betont: Auch Franz Blei und Walter Benjamin lesen Kafkas Werken einen Rückgang hinter alttestamentarische Verhältnisse ab; Günther Anders spricht in seinem Kafka-Buch, das Schmitt erwähnt, von einem »Ritualismus ohne Ritual« und schreibt: »Kafka ist Marconist. Er glaubt nicht an keinen Gott, sondern an einen schlechten. Unmoralisches verwandelt er in Übermoralisches«:[68] eine »Theologie im jüdischen Dasein«. Kafka zitiert Kategorien allgemeiner Religionswissenschaft und Rechtsarchäologie in satirischer Absicht; dadurch gewinnt er eine »universalistische« Deutbarkeit seiner Texte. In neutraler kultur- und religionsgeschichtlicher Lesart gehören Ritualmorde als Menschenopfer zum Zivilisationsprozess; Reinszenierungen solcher Praktiken finden sich in der Sektengeschichte der Menschheit bis heute. Als Verfilmungen von Serienmorden sind sie cineastische Schocker. Das Christentum ist für solche Legenden besonders anfällig, weil es den Kreuzigungsmythos vom Odium des Menschenopfers befreien musste und deshalb auf das Judentum und antisemitische Kindsmordlegenden und Blutrituale verschob. Schmitt spricht vom Ritualmord auch nur beiläufig, ohne seine Assoziationen auszuführen. Es ist philologisch nicht einmal klar, ob er Kafka eigentlich kritisiert, bejaht er die Rede vom »Ritualmord« doch für seine eigene Justiz-Erfahrung und anerkennt so ihre Aktualität. Dennoch zitiert Schmitt mit der Rede vom »Ritualmord« – in privater Formulierung – antisemitische Topoi, wie sie etwa im *Stürmer* gepflegt wurden.

---

[68] Günther Anders, Kafka. Pro und Contra. Die Prozeß-Unterlagen, München 1951, S. 87, vgl. S. 75ff.

Auch heute noch zitiert der zeitgenössische Antisemitismus solche Legenden.

Schmitts wenige Andeutungen machen nicht hinreichend klar, ob und wie er Kafka als »jüdischen« Autor las und stigmatisierte. Seine antisemitische »Politische Theologie« legt das eigentlich nahe. Die deutlichste Legende oder Leseanweisung zur konfessionellen Identifikation gibt 1938 – wenige Wochen vor dem Erstdruck von Joseph Roths grandioser Novelle *Der Leviathan* in der *Pariser Tageszeitung*, die ein sehr anderes Leviathan-Bild vertritt[69] – das *Leviathan*-Buch mit seinen Ausführungen zu den Mythisierungen und Symbolisierungen des »Leviathan«. Schmitt unterscheidet hier »zwei große Deutungsreihen«: »die jüdische Mythisierung durch die Rabbiner der Kabbala« (L 15) und die christliche Symbolisierung vom Triumph über den Teufel. Zur jüdisch-kabbalistischen Deutung schreibt er:

---

[69] In Roths Novelle hütet der Leviathan die Korallen, deren »Daseinszweck« der erotische »Schmuck« der Frauen ist: »Zwar hatte der alte Gott Jehovah alles selbst geschaffen, die Erde und ihr Getier, die Meere und alle ihre Geschöpfe. Dem Leviathan aber, der sich auf dem Urgrund aller Wasser ringelte, hatte Gott selbst für eine Zeit lang, bis zur Ankunft des Messias nämlich, die Verwaltung über die Tiere und Gewächse des Ozeans, insbesondere über die Korallen, anvertraut.« (Der Leviathan, Amsterdam 1940, S. 11; Werke, hrsg. von Hermann Kesten, Zürich 1977, Bd. III, S. 261)

Die Weltgeschichte erscheint als ein Kampf der heidnischen Völker untereinander. Im Besonderen kämpft der Leviathan, das sind die Seemächte, gegen die Landmächte, den Behemoth. [...] Die Juden aber stehen daneben und sehen zu, wie die Völker der Erde sich gegenseitig töten. (L 17f)

Schmitt fragt weiter, ob Hobbes eine »Gegendeutung« (L 18) gefunden und »klare und sichere Front bezogen« (L 20) hat. Schon mit dem Untertitel seines Buches attestiert er Hobbes aber den »Fehlschlag« und gibt mit *Land und Meer* (1942) anschließend deshalb selbst eine Gegendeutung vom Kampf zwischen Leviathan und Behemoth, Landmächten und Seemächten, die die Aussicht auf den militärischen Sieg ins Element der Luft verlagert; Schmitt prognostiziert, dass die Luftwaffe (Vogel »Greif«; GS 520ff) den Weltkrieg entscheidet. Die christliche Erneuerung des Symbols diskutiert er in den 1960er Jahren dann insbesondere in der Auseinandersetzung mit der Hobbes-Deutung des protestantischen Theologen und Karl Barth-Schülers Dietrich Braun. Er erörtert aber wohl nirgendwo eindeutig seine Sicht des Verhältnisses der neuzeitlichen Literaturgeschichte zu den mittelalterlichen »Kampfmythen größten Stils«. Seine Skizze literarischer Dystopien stellte er, wie gezeigt, in den Kontext neuzeitlicher politischer Utopien. Kafka zitiert zwar ein älteres ritualistisches Rechtsverständnis, in dem Recht und Religion, Strafe und Rache noch ungeschieden sind; seine Mythisierung ist dabei gewiss auch »jüdisch«

geprägt. Schmitt schreibt seine Kafka-Bemerkungen aber nicht offensiv in seine Legende von der kabbalistischen Auslegung des Leviathan-Mythos hinein, gibt Kafkas »Arbeit am Mythos« keinen starken »jüdischen« Sinn und entwickelt keine offen antisemitische Gegendeutung. Schreibt man versuchsweise Kafka in diese Legende ein, so mythisieren Kafkas Schriften die Exzentrizität eines »Un-Helden« (GL 59). K. stünde dann nicht nur für »Kafka«, sondern auch für Judentum und »Kabbala«. K. = Kafka = Kabbala? Solche »kabbalistische« Deutungen sind – seit Max Brod – bis heute geläufig;[70] Schmitt deutet sie aber kaum an und skizziert keine antisemitisch geschlossene Narration.

Sucht man versuchsweise Schmitts stigmatisierende Kabbala-Legende bei Kafka zu identifizieren, so ließe sich, wie bereits angedeutet, etwa auf *Der Bau* verweisen: Der »alte Baumeister« fürchtet das »große Tier«, den Leviathan, und genießt die »Beute, umflossen von Blut und Fleischsäften« (BK 195), verkriecht sich mit einem schönen »Stück enthäuteten roten Fleisches« (BK 217) in einem Erdhaufen. *Der Riesenmaulwurf* ließe sich dazu als epilogisches

---

[70] Dazu vgl. Karl Erich Grözinger, Kafka und die Kabbala. Das Jüdische im Werk und Denken von Franz Kafka, Frankfurt 1992; dazu Kafkas Tagebuchnotiz vom 18. Januar 1922: »Diese ganze Literatur ist Ansturm gegen die Grenze, und sie hätte sich, wenn nicht der Zionismus dazwischengekommen wäre, leicht zu einer neuen Geheimlehre, einer Kabbala, entwickeln können.«

Satyrspiel lesen, als ironisierende Neutralisierung der Furcht vor dem »großen Maulwurf«, dessen Existenz der »alte Dorflehrer« bewiesen zu haben glaubt, was die gelehrte akademische Welt aber lächerlich findet. Leviathan- oder Behemoth-Zeichnungen und -Anspielungen lassen sich in Kafkas mythologisch und alttestamentarisch getränktem Werk mit hermeneutischem Furor einige finden. Ein nachgelassenes Fragment lautet vollständig zitiert:

Es ist das Tier mit dem großen Schweif, einem viele Meter langen, fuchsartigen Schweif. Gern bekäme ich den Schweif einmal in die Hand, aber es ist unmöglich. Immerfort ist das Tier in Bewegung, immerfort wird der Schweif herumgeworfen. Das Tier ist känguruartig, aber uncharakteristisch im fast menschlich flachen, kleinen, ovalen Gesicht, nur seine Zähne haben Ausdruckskraft, ob es sie nun verbirgt oder fletscht. Manchmal habe ich das Gefühl, daß mich das Tier dressieren will; was hätte es sonst für einen Zweck, mir den Schwanz zu entziehn, wenn ich nach ihm greife, dann wieder ruhig zu warten, bis es mich verlockt, und dann von neuem weiterzuspringen. (KHL, 332)

»Nur seine Zähne haben Ausdruckskraft…« Schmitt hätte hier vielleicht Tarnungsstrategien des Leviathan und Neutralisierungs- und Verniedlichungsbemühungen des Ich-Erzählers im Kampf mit dem Monster herausgelesen. Michael Stolleis, ein bedeutender Rechtshistoriker, beschrieb als Geschichte der Metapher vom *Auge des Gesetzes,* dass die neuzeitlichen »Tendenzen der Säkularisierung, der Entpersonalisierung und Versachlichung der Herrschaft von Gott zum irdischen Leviathan des Fürsten, von da zum sterblichen Gott des Leviathan, und von diesem zum vergöttlichten Gesetz [führten], das seinerseits seine Krönung in der Verfassung findet«.[71] In der letzten Epoche der Staatsmetaphysik, die gerade endet, hängt das Volk noch an der Sakralisierung der Verfassung. Stolleis meint dazu:

Ein Jahrhundert später ist dieser Gedanke so selbstverständlich geworden, daß schon die Frage Irritationen auslöst, was das Gesetz anderes sein könnte als ein zweckbestimmter, relativ kurzlebiger, an die Gesellschaft gerichteter politischer Befehl. Das Gesetz ist inhaltlich leer.[72]

Kafka und Schmitt repersonalisieren beide die »Herrschaft des Gesetzes«, verweisen auf Akteure der Herrschaft und entlarven den Rechtsstaat als personal integrierten, charismatischen »Führerstaat« und Leviathan, um Politik und Religion, Gott und Welt erneut zu trennen. Sie betrachten die Säkularisierung der Herrschaft als eine problematische Sakralisierung der Politik, die sie als Herrschaft des »Leviathan« mythologisieren, um die Bereiche wieder zu scheiden und dabei in sehr unterschiedlicher

---

[71] Michael Stolleis, Das Auge des Gesetzes. Geschichte einer Metapher, München 2004, S. 51; vgl. Horst Bredekamp, Der Behemoth. Metamorphosen des Anti-Leviathan, Berlin 2016.
[72] Stolleis, Das Auge des Gesetzes, 2004, S. 68.

Weise zu retheologisieren. Beide neigen dabei von unterschiedlichen konfessionellen Prägungen her – Judentum und Christentum – einer gnostischen Verwerfung der Welt um der religiösen Alternative willen zu. Diese Repersonalisierung, Repolitisierung und auch Retheologisierung der »bürokratischen Herrschaft« ist machtanalytisch interessant.

Im *Glossarium* findet sich nach den Ausführungen zum paradigmatischen Fall kafkaesker Sondergerichte eigentlich nur noch eine Generalisierung von Kafkas Beschreibungen. Dabei meint Schmitt am 28. Februar 1951: »Für Kafkas Roman ›Der Prozeß‹ zeigen sie [die Deutschen] viel literarisches Interesse, an den unerhörten Prozessen und Prozeduren der heutigen Wirklichkeit gehen sie lieber vorbei.« (GL 239) Am 12. Juni 1955 imaginiert er den Fall Schlüter (GL 316f) als »Schauspiel« »à la Kafka«: Franz Leonhard Schlüter (1921–1981), ein junger Verleger mit abgebrochenem Studium, stürzte damals nach kurzer Zeit als FDP-Kultusminister über seine rechtsextremistische Vergangenheit. Am 12. November 1958 fragt Schmitt – wie schon am 5. April 1948 (GL 92) bei Kasack[73] – nach der Fortschreibung Kafkas für die Gegenwart; sarkastisch meint er, der Name Deutschlands sei diskreditiert und müsse ersetzt werden:

Damit haben wir das richtige Symbol für unseren Fortschritt im Bewußtsein der Freiheit gewonnen. Bisher hat-

---

[73] Hermann Kasack, Die Stadt hinter dem Strom, Berlin 1947.

ten wir uns bemüht, Kafka zu lesen und für unser Land den Namen Kafkanien zu rechtfertigen. Jetzt treten wir in ein weiteres Stadium unserer Entwicklung ein, für das ich infolgedessen den Namen PASTERNAKISTAN vorschlage. (GL 376)

Das Wort »Kafkanien« scheint Schmitt nicht erfunden zu haben; eine Wortgeschichte wäre interessant. Boris Pasternak hatte damals gerade für seinen SU-kritischen Roman *Doktor Schiwago* den Literaturnobelpreis erhalten. Schmitt kontrastiert Hegels Philosophie der Weltgeschichte mit den dystopischen Aktualitäten. Er schreibt Pasternak in seine Geschichte der modernen Dystopien hinein, die er als literarische Reflexionen und Spiegelungen der Zeitgeschichte betrachtet, und situiert Kafka damit als eine historische Etappe in der Geschichte literarischer Dystopien des Jahrhunderts: Die Entwicklung sei inzwischen über Kafka hinausgelangt – mit Autoren wie Huxley und Pasternak –, was das deutsche Publikum in seiner entpolitisierten Wahrnehmung aber nicht wirklich realisiere. Schon 1953 verschickte Schmitt dazu ein Spottgedicht im Kreis, das er im Briefwechsel mit Mohler gleich zweimal zitiert:

Der Deutsche hat jetzt keine Zeit,
Er muß jetzt Kafka lesen;
Er strengt sich an und ist bereit,
An Kafka zu genesen.[74]

[74] Armin Mohler (Hg.), Carl Schmitt. Briefwechsel mit einem seiner Schüler, Berlin 1995, S. 147; ebenso S. 178.

Schmitt spielt hier erneut auf Kafkas Krankheit an; er meint nicht, dass die Deutschen an Kafka-Lektüren genesen, d.h. ein klares politisches Selbstbewusstsein von ihrer Lage gewinnen könnten, deutet nur an, wie Kafkas abstrakte Modellierung des bürokratischen Terrors politisch zu konkretisieren wäre. Offenbar hat er Kafka aber nicht extensiv und intensiv gelesen. Alle seine Bemerkungen beziehen sich jedenfalls pauschal nur auf den *Prozess,* den er im doppelten Licht seiner frühen Referendarserfahrung und späteren Inhaftierung sieht. Dabei konnte sein Spätwerk, die Geschichte der »Landnahme«, des Nomos der Erde, auch die anderen Romanfragmente erhellen: *Das Schloss* überbietet den *Prozess* offenbar in der Suche nach dem »Zugang zum Machthaber« (Schmitt)[75] an Komplexität. Max Brod betonte in seinem Nachwort zur Publikation schon die »Verwandtschaft beider Werke«; das gemeinsame Thema sei »die Verbindung mit der Gnade der Gottheit«: »Somit wären im ›Prozeß‹ und im ›Schloß‹ die beiden Erscheinungsformen der Gottheit (im Sinne der Kabbala) – Gericht und Gnade – dargestellt.« (KS 484) Es wurde bereits erwähnt, dass der früher entstandene *Amerika*-Roman Schmitt nach 1945 im

---

[75] Dazu Carl Schmitt, Der Zugang zum Machthaber, ein zentrales verfassungsrechtliches Problem, 1947 (VRA 430–439); ders., Gespräch über die Macht und den Zugang zum Machthaber, Pfullingen 1954; reizvoll wäre ein Vergleich mit Kafkas fragmentarischem Lehrgespräch über die Macht, in: KHL 374–379.

Kontext des *Nomos der Erde* als Suche nach einem »Naturtheater« in der »neuen Welt« interessieren konnte. Im – hier nicht näher zu erörternden – Roman *Das Schloss* tritt K. als »Landvermesser« auf; der Roman verknüpft also den *Prozess*-Komplex unergründlicher bürokratischer Herrschaft mit dem Rückgang auf die Landnahme und Vermessung der Welt.

K. kommt als Fremder ins »Dorf«. Sein Aufenthaltsstatus bleibt bis zuletzt prekär und ungeklärt. Schloss und Dorf verweigern ihm bürokratisch verschlungen immer wieder die Arbeitserlaubnis als Landvermesser (heute: Vermessungstechniker, Geodät). Sucht man statt Brods theologischer Lesart (mit Verweis auf Kabbala und Kierkegaard) eine »konkrete« politische Deutung, so erzählt der nach 1918 (vor allem 1922) entstandene Text von einer Transformations- und Modernisierungsverweigerung der traditionalen und feudalen Verhältnisse im Schloss und Dorf: Ein Landvermesser rationalisiert und revidiert – im Sinne Schmitts – die Vermessung des Landes; er kartographiert den Besitzstand. Die Bauern im Dorf sind sich mit dem Schloss in der Obstruktion dieses Versuches einig. Schmitt hat die fundamentale Bedeutung solcher Vermessungen und Verteilungen, die Linien- und Flächenordnung bei der Erschließung der neuen Welt eingehend thematisiert (NE 36ff, 54ff). Er zeigt auch, dass die schiedlich-friedliche Einigung über »Freundschaftslinien« (amity lines) freie Räume und naturzuständliche »Kampfzonen« abzirkelt, die die neuzeitliche Staatstheorie seit Hobbes mit ihren Lehren vom »Naturzustand« beantwortete. Kafkas »Landvermesser« will vielleicht nicht nur die traditionale Herrschaft modernisieren, sondern beyond the line auch eine neue Welt erobern. Er ist jedenfalls Modernisierer und scheitert als solcher. Das musste den Autor des *Nomos der Erde* eigentlich interessieren.

## VIII. Arendt über Kafkas Utopie der Humanität

Es war nach 1945 nicht sonderlich originell, Kafka als Dystopiker totaler Herrschaft zu lesen. Schmitts Kafka-Bild wird deshalb eigentlich erst durch die autobiographische Identifikation und Generalisierung seiner Prozess-Erfahrung prägnant. Schmitt verzichtet dabei in seinen wenigen Bemerkungen auf eine starke antisemitische Stigmatisierung. Das entspricht den zitierten Deutungen von Blei, Benjamin und Anders. Hannah Arendt, seit 1946 im Schocken-Verlag auch in der Kafka-Edition beschäftigt, las Kafka ebenfalls als Diagnostiker und Pathognomen »totaler Herrschaft«. Mit dessen Werk wurde sie spätestens seit ihrer Pariser Bekanntschaft mit Walter Benjamin[76] vertraut. Arendt beschrieb die Geschichte der Assimilierung seit ihrem *Rahel-*

---

[76] Dazu Hannah Arendt, Walter Benjamin, in: dies., Menschen in finsteren Zeiten, hrsg. von Ursula Ludz, München 1989, S. 185–242; dazu vgl. Detlev Schöttker / Erdmut Wizisla (Hg.), Arendt und Benjamin. Texte, Briefe, Dokumente, Frankfurt 2006.

Projekt in der polaren Spannung von »Paria« und »Parvenu«. In einem *Aufbau*-Artikel meinte sie 1941 dazu:

> Das Unglück der Juden, seit den Generalprivilegien der Hofjuden und der Emanzipation der Ausnahmejuden, ist es gewesen, daß der Parvenu für die Geschichte des Volkes entscheidender wurde als der Paria; daß Rothschild repräsentativer war als Heine; daß die Juden auf irgendeinen jüdischen Ministerpräsidenten stolzer waren als auf Kafka oder Chaplin. Nur in den seltensten Fällen rebellierte der Paria gegen den Parvenu als seiner eigenen Karikatur. In der Maske des Philanthropen vergiftete der Parvenu das ganze Volk, zwang ihm seine Ideale auf. Der Philanthrop machte aus dem Armen einen Schnorrer und aus dem Paria einen zukünftigen Parvenu. Die Ereignisse haben die Figur des Paria in den Vordergrund der Politik gerückt. Was nur die Juden anlangt, so sind alle Parvenus wieder Paria geworden.[77]

Gegen Kriegsende veröffentlichte Arendt zwei gewichtige Essays zu Kafka:[78] In ihrer an die *Rahel-*

---

[77] Hannah Arendt, Aktive Geduld, in: Aufbau, 28. November 1941; Wiederabdruck in dies., Vor Antisemitismus ist man nur noch auf dem Monde sicher. Beiträge für die deutsch-jüdische Emigrantenzeitung ›Aufbau‹ 1941–1945, hrsg. von Marie-Luise Knott, München 2000, 24–28, hier: 27f; dazu vgl. Verf., Die Macht der Liebe. Arendts Paria-Identifikation, in: Mirko Wischke / Georg Zenkert (Hg.), Macht und Gewalt. Hannah Arendts *On Violence* neu gelesen, Heidelberg 2019, S. 183–216.

[78] Hannah Arendt, Die verborgene Tradition. Essays, Frankfurt 2000, S. 68–78 und S. 95–116 (VT); vgl. Hannah

Studien anschließenden kritischen Geschichte der jüdischen Assimilation, ihrer Skizze *Die verborgene Tradition* – von Heine bis Kafka – deutet sie den K. als »Menschen guten Willens«, der nichts als elementare Menschenrechte einfordert, nichts anderes sein will, als »ein Mensch unter Menschen einer menschlichen Gesellschaft« (VT 78): kein Paria, dem Rechte als Privileg oder »Gnadengeschenk« oktroyiert werden. In ihrem längeren, breiter angelegten Essay *Franz Kafka* erörtert sie Kafkas Utopie der Menschenrechte dann genauer: Im *Prozess* unterwirft sich der angeklagte K. der bürokratischen Herrschaft, die keine Rechtssicherheit kennt. Er entwickelt ein grundloses »Schuldgefühl« und akzeptiert am Ende »ohne Widerrede« (VT 99) seine Hinrichtung. Im *Schloss* besteht K. dagegen auf seinem elementaren Menschenrecht und öffnet »einigen der Dorfbewohner die Augen« (VT 103). Arendt betont, dass Kafkas Romane weder realistisch noch surrealistisch seien und keine konfessionelle Theologie und Prägung enthielten; sie profilierten abstrakte »Modelle« eines elementaren, gleichwohl utopischen Menschenrechts: das »Recht, Rechte zu haben«. Arendt schreibt:

Das Hauptthema der Kafkaschen Romane ist der Konflikt zwischen einer Welt, die in der Form einer solchen reibungslos funktionierenden Maschinerie dargestellt ist,

Arendt, Wir Juden. Schriften 1932 bis 1966, hrsg. von Marie Luise Knott / Ursula Ludz, München 2019.

und einem Helden, der versucht, sie zu zerstören. Diese Helden wiederum sind nicht einfach Menschen, wie wir ihnen täglich in der Welt begegnen, sondern variierende Modelle eines Menschen überhaupt, dessen einzig unterscheidbare Qualität eine unbeirrbare Konzentration auf allgemeinst Menschliches ist. Seine Funktion in der Romanhandlung ist immer die gleiche: er entdeckt, daß die Welt und die Gesellschaft der Normalität faktisch anormal sind, daß die Urteile der von allen akzeptierten Wohlanständigen faktisch verrückt sind und daß die Handlungen, welche den Regeln dieses Spiels konform gehen, faktisch alle ruinieren. (VT 108f)

Arendt entwickelte ihr Kafka-Bild vor der Ausarbeitung ihrer Totalitarismustheorie. In *Elemente und Ursprünge totaler Herrschaft* erneuert sie ihre Kafka-Deutung in einem Kapitel über die ältere Bürokratie als »Erbschaft des Despotismus«; sie stellt Kafka dort in die Vorkriegszeit, liest sein Werk nicht als Vorwegnahme der Konzentrationslager. »In welch bitterer, aber auch verzweifelt satirischer Verzerrung die Bürokratie in Österreich erschien, kann man am besten noch bei Franz Kafka nachlesen«, schreibt Arendt: »Eines der Hauptthemen in Kafkas Romanen ist die Satire auf den Schicksalsaberglauben«; Kafka habe »die Grundelemente bürokratischer Herrschaft mit all ihren Konsequenzen«[79] begriffen. Arendt kritisiert den »Schick-

---

[79] Hannah Arendt, Elemente und Ursprünge totaler Herrschaft, Frankfurt 1955, 399f.

salsaberglauben« um der steten Möglichkeit des politischen Handelns willen; im Vorwort zu ihrer Aufsatzsammlung *Beetween Past and Future* (1968) sowie in *The Life of the Mind* (1971)[80] exponiert sie später noch eine Parabel aus den *Aufzeichnungen aus dem Jahre 1920*,[81] die von einem »*Er*« handeln. Die Parabel beginnt:

Er hat zwei Gegner: Der erste bedrängt ihn von hinten, vom Ursprung her. Der zweite verwehrt ihm den Weg nach vorn. Er kämpft mit beiden. (KBK 300)

Arendt deutet ›Ers‹ Kampf als »Kriegsschauplatz zwischen den Kräften von der Vergangenheit und der Zukunft« und liest ihm ihre These vom Kampf des Menschen um die »Gegenwart« ab, die es zu ergreifen gilt, wobei sie mit Benjamins geschichtsphilosophischen Thesen von einer »Lücke« im »Zeitkontinuum«, »Aufbrechen des Kontinuums« und »Wohnen in der Lücke zwischen Vergangenheit und Zukunft« spricht. In *Vom Leben des Geistes* meint sie dazu: »Für mich beschreibt diese Parabel das

---

[80] Hannah Arendt, Zwischen Vergangenheit und Zukunft. Übungen im politischen Denken I, München 1994, S. 11ff; dies., Vom Leben des Geistes. Bd. I: Das Denken, München 1979, S. 198ff.
[81] Frank Kafka, »Er«. Aufzeichnungen aus dem Jahre 1920, erstmals in: ders., Beim Bau der chinesischen Mauer, hrsg. von Max Brod und Hans Joachim Schoeps, 1931, 2. Aufl. Berlin 1948, S. 202–212, hier: S. 212; Schmitt stand mit Schoeps in gelegentlicher Korrespondenz.

Zeitgefühl des denkenden Ichs.«[82] Arendt antwortet auf Nietzsche, Heidegger und Benjamin also an zentralen Stellen ihres Spätwerks mit der Auslegung einer »Zeitparabel« Kafkas. Sie verortet Kafka damit jenseits der Tradition in der Gegenwart. Schmitt hätte dieser Deutung vielleicht widersprochen und den utopischen Humanismus in die kabbalistische Legende zurückgestellt. Denn die Parabel vom Kampf mit zwei Gegnern lautet weiter, so auch von Arendt zitiert:

Eigentlich unterstützt ihn [den ›Er‹] der erste [Gegner] im Kampf mit dem ersten; denn er treibt ihn zurück. So ist es aber nur theoretisch. Denn es sind ja nicht nur die zwei Gegner da, sondern auch noch er selbst, und immerhin ist es sein Traum, daß er einmal in einem unbewachten Augenblick – dazu gehört allerdings eine Nacht, so finster, wie noch keine war – aus der Kampflinie ausspringt und wegen seiner Kampfeserfahrung zum Richter über seine miteinander kämpfenden Gegner erhoben wird. (KBK 300)

In weitläufiger Assoziation ließe sich hier etwa an Robinson und Delamarche denken, den Iren und den Franzosen (»maritime« und »terrane« Existenz), denen Karl Roßmann im *Amerika*-Fragment zu entkommen sucht. Schmitt hätte hier vielleicht den alten »kabbalistischen« Traum von einem Leben

---

[82] Arendt, Vom Leben des Geistes. Bd. I: Das Denken, 1979, S. 198.

jenseits des Kampfes zwischen Leviathan und Behemoth identifiziert, den er allerdings im satanischen Mythos formulierte:

> Die Juden aber stehen daneben und sehen zu, weil die Völker der Erde sich gegenseitig töten; für sie ist dieses gegenseitige ›Schächten und Schlachten‹ gesetzmäßig und ›koscher‹. Daher essen sie das Fleisch der getöteten Völker und leben davon. (L 18)

Solche Polemik verbietet sich eigentlich von selbst und ist 1938 angesichts des damaligen Standes der Judenverfolgung, und Schmitts Wissen davon, unverzeihlich. Als Antidot empfiehlt sich die Relektüre von Arendts Auslegung der »Konzentrationslager« als das »radikal Böse«: »Laboratorien« der »Vertierung« und Vernichtung der Individualität.[83]

---

[83] Arendt, Elemente und Ursprünge totaler Herrschaft, 1955, S. 716ff.

## IX. Anerkennung der Bundesrepublik?

Schmitt hat einen normativen Anti-Universalismus vertreten und eine weltstaatliche »Einheit der Welt« stets abgelehnt. Das politische Universum ist ein »Pluriversum«, wer Menschheit sagt, »will betrügen«: Das sah er nach 1918 wie nach 1945 ähnlich. In der Weimarer Republik führte er einst eine Art Dreifrontenkampf gegen die Weimarer Republik, Genf und Versailles, weil er Weimar und Genf als Institutionen der Sieger zur Legalisierung und Legitimierung der »Beute« von Versailles betrachtete. Er fürchtete, dass dem »Unrecht der Fremdherrschaft«, mit einer Formulierung von 1925 zu sprechen, noch der »Betrug der Anonymität« (FP 36) hinzugefügt werde: die Verschleierung der Differenz von Macht und Recht durch eine Legalisierung des Status quo, der mit der Akzeptanz der Weimarer Republik als Verfassungsentscheidung des deutschen Volkes noch der Schein einer Legitimierung übergestülpt werde. Richtete Schmitt seinen Kampf gegen »Versailles« nach 1918 primär gegen Frankreich und die USA, so war mit Jalta und Potsdam –

von Schmitt 1945 in Berlin-Schlachtensee aus der Nähe erlebt – die Sowjetunion als Sieger hinzugekommen. Den einsetzenden »Kalten Krieg« und die resultierende deutsche »Teilung« und »Frage« erörterte er kaum noch; Bundesrepublik und DDR kommen in seinem Spätwerk kaum vor. Die Lage nach 1945 betrachtete er unter den Kategorien von Legalität und Legitimität eher noch negativer als die Lage der Weimarer Republik, in der es immerhin eine »positive« Verfassungsentscheidung gegeben habe.

In seinem Lehrbuch *Verfassungslehre* unterschied Schmitt zwischen »Positivismus« und »Normativismus«: zwischen den einzelnen Verfassungsgesetzen und der Abstraktion einer Einheit des Rechtssystems mittels hypostasierter »Grundnorm«. In der juristischen Hermeneutik und Rechtsauslegung bestand er zwar stets darauf, dass einzelne Gesetze vom »Sinn« des Ganzen und der »Substanz« einer Verfassung her auszulegen seien; in »Leitsätzen für die Rechtspraxis« konstatierte er deshalb 1933 zur Gleichschaltung der Justiz, dass »die Grundsätze des Nationalsozialismus unmittelbar und ausschließlich maßgebend« (GS 55) seien: »Im deutschen Staat der Gegenwart ist die nationalsozialistische Bewegung führend. Von ihren Grundsätzen aus muss daher bestimmt werden, was gute Sitten, Treu und Glauben, zumutbare Anforderungen, öffentliche Sicherheit und Ordnung usw. sind.« (GS 55f) Eine solche politische Hermeneutik wollte er der richterlichen Rechtsfortbildung und justizstaatlichen Praxis nach 1949 aber nicht mehr anvertrauen.

»Haben Sie immer noch nicht begriffen, daß ein Grundgesetz in sich selbst heute etwas viel Scheußlicheres ist als ein Organisations-Statut?« (GL 176), notierte er am 25. April 1949 ins *Glossarium*. Ein Grundgesetz, auch ein provisorisches, verschleiere die Fremdherrschaft und prätendiere Legalität, Souveränität und Legitimität. Schmitt betrachtete es als semantische Liquidierung der Unterschiede von Macht und Recht, Politik und Moral: Alle Differenzierungen gehen in der Semantik des Wertbegriffs unter, dem das Bundesverfassungsgericht bald eine ubiquitäre »Drittwirkung« zusprach, um der justizstaatlichen Rechtsfortbildung Tür und Tor zu öffnen. Die ganze Schmitt-Schule besann sich dagegen nach 1949 argumentationsstrategisch, als kleineres Übel, auf den liberalen »Rechtsstaat«, den sie eigentlich längst begraben hatte. Schmitt unterschied den »rechtsstaatlichen Verfassungsvollzug«[84] nun vom »unmittelbaren Verfassungsvollzug« des Durchgriffs auf »Werte«; Forsthoff[85] spielte den Rechtsstaat polemisch gegen den »Sozialstaat« aus; Böckenförde verwies auf das Parlament als demo-

---

[84] Carl Schmitt, Rechtsstaatlicher Verfassungsvollzug, in: ders., Verfassungsrechtliche Aufsätze, Berlin 1958, S. 452–488.
[85] Ernst Forsthoff, Rechtsstaat im Wandel. Verfassungsrechtliche Abhandlungen 1954–1973, München 1976.

kratisch legitimierten Gesetzgeber und stemmte sich, ab 1983 auch als Bundesverfassungsrichter, gegen die »Wertbegründung des Rechts«[86] und den Trend zum »Justizstaat«. Schmitt verband den Ort der Souveränität gerne mit Namen wie »Bonn« und »Karlsruhe«: Während die Zeitgeschichtsschreibung ständig beschwor: Bonn ist nicht Weimar, konterte Schmitt: Bonn ist nicht Bonn, eher schon Karlsruhe. Eigentlich aber betrachtete er die Bundesrepublik als System der Sieger und fügte internationale Hauptstädte hinzu: Washington, Moskau, Lake Success. Heute ergänzen wir im Prozess der Europäisierung: Brüssel, Straßburg, Luxemburg. Politisch hat Schmitt sich mit der Bundesrepublik niemals arrangiert. Seine letzte Abhandlung, anlässlich des 90. Geburtstags mit intensiver Beteiligung Böckenfördes publiziert, verkündigt *Die legale Weltrevolution*:[87] die globale Durchsetzung des bürokratischen Funktionsmodus der Legalität. Schmitt unterscheidet hier im Untertitel noch »Legalität und Superlegalität«: die »verstärkte Geltungskraft bestimmter Normen« (FP 922); damit verweist er erneut auf die Rationalisierungsdynamik des normativistischen

---

[86] Dazu etwa Ernst-Wolfgang Böckenförde, Zur Kritik der Wertbegründung des Rechts, in: ders., Recht, Staat, Freiheit. Erweiterte Ausgabe, Frankfurt 2006, S. 67–91.

[87] Carl Schmitt, Die legale Weltrevolution. Politischer Mehrwert als Prämie auf juristische Legalität und Superlegalität (FP 919–936).

Rechtsbegriffs. Eigentlich hatte Max Weber dem 20. Jahrhundert bereits diese Diagnose gestellt: die »legale Herrschaft« der Bürokratie ist das »Schicksal«.

Auch in der Schmitt-Forschung ist der Befund nicht sehr verbreitet, dass Schmitt die Bundesrepublik unter den Prämissen seiner »Politischen Theologie« krasser noch verwarf als die Weimarer Republik; unter dem Gesichtspunkt nationalistischer Opposition und Selbstbestimmung hielt er sie politisch für hoffnungslos. Im *Begriff des Politischen* schrieb er dazu vor 1933 schon: »Dadurch, daß ein Volk nicht mehr die Kraft oder den Willen hat, sich in der Sphäre des Politischen zu halten, verschwindet das Politische nicht aus der Welt. Es verschwindet nur ein schwaches Volk.«[88] Die Hoffnung auf eine alternative »Großraumbildung«, die der Hegemonie der »westlichen Hemisphäre« trotzen könnte und eine starke Systemalternative formieren könnte, verlegte Schmitt deshalb seit den 1960er Jahren – jenseits von Ost und West – mehr nach China und in die Unabhängigkeitsbewegungen der dekolonialisierten Entwicklungsländer.

Es wurde bereits Schmitts Spottgedicht auf die Bundesrepublik zitiert:

---

[88] Carl Schmitt, Der Begriff des Politischen, 1932, Berlin 1963, S. 54.

In Karlsruhe wächst ein Gummibaum
Lemuren schlurfen durch den Raum
und hängen ihren Wertetraum
als Schmuck an ihren Gummibaum.[89]

Bundesverfassungsrichter entwickeln die Verfassung demnach als normativistischen »Wertetraum«. Je diffuser diese richterliche Rechtsfortbildung aber ist, je mehr Moral, Politik und Recht hier ineinander verwoben werden, desto unbestimmter wird das Recht und desto mehr gleicht es der Bürgerkriegslage eines politischen Prozesses und Sondergerichts. Schmitt suchte in dieser Lage weiter nach Legalität und Legitimität. Mit der einsetzenden Forschung konstatierte er erneut seine öffentliche Verfemung. Eine frühe monographische Kritik regte ihn zu ausgreifenden Überlegungen zur politischen Justiz an:

Das Buch Peter Schneiders[90] stößt mich weiter in das Problem des Justiz-Prozesses überhaupt. 1. Jedes der drei Völker, die unser europäisches Denken geprägt haben, also die Griechen, die Römer und die Juden, jedes von ihnen hatte einen für uns Europäer größten Mann: die Griechen Sokrates, die Römer Julius Caesar, die Juden Jesus Christus. Jedes dieser drei Völker hat seinen größten Mann getötet, aber nur das Volk mit dem stärksten Sinn für Recht

---

[89] Gedichte für und von Carl Schmitt, 2011, S. 25.
[90] Peter Schneider, Ausnahmezustand und Norm. Eine Studie zur Rechtslehre von Carl Schmitt, Stuttgart 1957.

und Prozess, die Römer haben ihren Julius Caesar nicht justizförmig getötet, sondern ermordet.« (GL 359, vgl. GL 196)⁹¹

In seiner langen und eindringlichen Überlegung zitiert Schmitt am Ende eine erstaunliche Formulierung Immanuel Kants aus der *Metaphysik der Sitten*: »Die formale Hinrichtung ist es, was die mit den Menschenrechten erfüllte Seele mit einem Schaudern ergreift.« (GL 359) Kants Formulierung findet sich in einer langen Fußnote zum Ausschluß des Widerstandsrechts und »Vorwand des Notrechts«; Kant kommentiert hier die Hinrichtung

---

[91] Shakespeare rechtfertigt Brutus in seinem *Julius Cäsar* zwar als Tyrannenmörder im Dienste des Gemeinwohls (der republikanischen Tradition), zeigt aber auch, dass der Tyrannenmord im Kontext des Bürgerkriegs weitere Diadochenkämpfe und -kriege geradezu notwendig als eine dramatische Handlungseinheit zur Folge hat. Dass die »Verschwörer« Marc Anton als Caesars Freund verschonten, bedeutete ihren Untergang. Marc Anton wiegelte das Volk sogleich gegen die Verschwörer populistisch auf und zog gegen sie an der Seite von Octavian in die Schlacht. In öffentlicher Rede erklärte er dem »Volk« mit zynischem »Positivismus«: »Ihr alle saht, wie am Lupercus-Fest / Ich dreimal ihm die Königskrone bot, / Die dreimal er geweigert. War das Herrschsucht? / Doch Brutus sagt, daß er voll Herrschsucht war, / Und ist gewiß ein ehrenwerther Mann. / Ich will, was Brutus sprach, nicht widerlegen, / Ich spreche hier von dem nur, was ich weiß.« (Julius Cäsar III.1, in: Shakespeare's dramatische Werke (übers. A. W. v. Schlegel), Berlin 1856, Bd. V, S. 70).

von Ludwig XVI. durch die Französische Revolution und meint grundsätzlich:

Der Grund des Schauderhaften bei dem Gedanken von der förmlichen Hinrichtung eines Monarchen durch sein Volk ist also der, daß der Mord nur als Ausnahme von der Regel, welche dieses sich zur Maxime machte, die Hinrichtung aber als eine völlige Verkehrung der Prinzipien des Verhältnisses zwischen Souverän und Volk (dieses, was sein Dasein nur der Gesetzgebung des ersteren zu verdanken hat, zum Herrscher über jenen zu machen) gedacht werden muß, und so die Gewalttätigkeit mit dreuster Stirn und nach Grundsätzen über das heilige Recht erhoben wird; welches, wie ein alles ohne Wiederkehr verschlingender Abgrund, als ein vom Staat an ihm selbst verübter Selbstmord, ein keiner Entsühnung fähiges Verbrechen zu sein scheint. Man hat also Ursache anzunehmen, daß die Zustimmung zu solchen Hinrichtungen wirklich nicht aus einem vermeint-rechtlichen Prinzip, sondern aus Furcht vor Rache des vielleicht dereinst wieder auflebenden Staats am Volk herrührte.[92]

Kant greift hier zu mythologischer Semantik, um seinen Abscheu emphatisch zu formulieren, kontrastiert archaische Rache mit den Prinzipien des »Gesetzes«, beschwört den Leviathan. Schmitt konnte schon die feine Unterscheidung zwischen der »Ausnahme von der Regel« und der Perversion der

---

[92] Immanuel Kant, Die Metaphysik der Sitten, in: Immanuel Kants Werke, hrsg. Ernst Cassirer, Berlin 1916, Bd. VII, S. 129.

Prinzipien gefallen, die für seine eigene Souveränitätslehre und Unterscheidung von Recht und Gesetz anschlussfähig schien; auch den Ausnahmezustand betrachtete er nicht als rechtsfreien Naturzustand. Was Kant sonst als erhabene universalistische Moral gegen die Legalität bejahte, das lehnte Schmitt zwar vehement ab; er widerspricht aber selbst der Intuition der Menschenrechte nicht einfach, sondern analysiert den Konflikt von Moral und Recht, die Spannung von Legalität und Legitimität. Ihm imponiert es, dass Caesar exponiert im Senat und im Namen republikanischer Traditionen von mächtigen Senatoren getötet wurde. Rechtskultur und politische Kultur bedingen einander: Wo eine Rechtskultur entstand, dort formierte sich auch eine klare Differenzierung von Legalität und Legitimität: Der Mord an Caesar war als Tyrannenmord vielleicht legitim.

Schmitt identifizierte sich mit der Melville-Novelle auch als »Pirat«. Seit den 1930er Jahren analysierte er die Entwicklung des völkerrechtlichen Kriegsbegriffs als Übergang von einem »nichtdiskriminierenden« Kriegsbegriff des kontinentalen »westfälischen« Systems zum vom Seerecht ausgehenden »diskriminierenden« Kriegsbegriff des 20. Jahrhunderts. Die Piraten und Korsaren der frühen Neuzeit, »Helden« der »maritimen Existenz«, betrachtete er mit epischem Schwung als »irreguläre« Kämpfer. Den Partisanen entdeckte er dann als Typus des nationalistischen Freiheitshelden und Widerstandskämpfers; im spanischen Freiheitskampf gegen Napoleon trat er erstmals entscheidend auf und wurde im Zweiten Weltkrieg, in der Sowjetunion wie auf dem Balkan, zu einem gefährlichen Gegner und wirklichen »Feind« der Wehrmacht. In seiner *Theorie des Partisanen*, die zunächst als Vortrag für ein spanisches Publikum entstand, erörtert Schmitt die Geschichte des Partisanen nur skizzenhaft; er spricht zwar vom partisanischen Widerstand gegen Napoleon in Spanien und Preußen, erwähnt die Partisanenkämpfe im Zweiten Weltkrieg, meidet es aber, in die Wehrmachtsgeschichte und Geschichte der deutschen Kriegsverbrechen im Weltkrieg einzutreten. Stattdessen erörtert er aus aktuellem Anlass den Putsch französischer Offiziere (OAS) gegen de Gaulle im Algerienkrieg. Den Prozess gegen Raoul Salan thematisiert er dabei ausführlich (TP 68ff, 83ff) mit starker persönlicher Sympathie und Identifikation als Parallele zum eigenen Fall. Salan schwieg vor Gericht:

Am Schluß der Verhandlung antwortete Salan auf die Frage des Vorsitzenden, ob er noch etwas zu seiner Verteidigung hinzufügen habe: ›Ich werde den Mund nur öffnen, um *Vive la France!* zu rufen, und dem Vertreter der Anklage erwidere ich einfach: *que Dieu me garde!*‹ (TP 69)

Schmitt erörtert den Fall am Ende seiner *Theorie des Partisanen* als typische Spannung von Legalität und Legitimität:

Er berief sich gegen den Staat auf die Nation, gegen die Legalität auf eine höhere Art Legitimität. Auch der General de Gaulle hatte früher oft von traditionaler und nationaler Legitimität gesprochen und sie der republikanischen Legalität entgegengesetzt. Das änderte sich mit dem Mai 1958. Auch die Tatsache, daß seine eigene Legalität erst seit dem Referendum vom September 1958 feststand, änderte nichts daran, daß er spätestens seit jenem September 1958 die republikanische Legalität auf seiner Seite hatte und Salan sich gezwungen sah, die für einen Soldaten verzweifelte Position zu beziehen, sich gegenüber der Regularität auf die Irregularität zu berufen und eine reguläre Armee in eine Parteiorganisation zu verwandeln.

Doch die Irregularität für sich allein konstituiert nichts. Sie wird einfach Illegalität. Zwar ist eine Krise des Gesetzes und damit der Legalität unbestreitbar. [...] Der Fall Salan zeigt aber, daß selbst eine in Zweifel gezogene Legalität in einem modernen Staat stärker ist als jede andere Art Recht. Das liegt an der dezisionistischen Kraft des Staates und seiner Verwandlung des Rechts in Gesetz. (TP 86)

Das lässt sich als Absage an extremistischen Widerstand und Terror verstehen. Es ist hier nicht auszuführen, was Schmitt zur Entwicklung des Linksextremismus seit Lenin und Mao in der *Theorie des Partisanen* noch schrieb und in einem späteren »Gespräch über den Partisanen« ausführte. Zu den Entwicklungen in der Bundesrepublik nach 1968 und zur RAF hat er öffentlich geschwiegen. Es gibt – im Briefwechsel mit Böckenförde – aber interessante briefliche Bemerkungen vom 11. Mai

1976[93] zum Tod Ulrike Meinhofs, die nachdenklich machen. Schmitt schreibt an Böckenförde:

Ich erwähnte gestern im Gespräch den Selbstmord von Ulrike Meinhof[94] (Nacht von Samstag auf Sonntag 8.–9. Mai). Ich erwähnte dieses Ereignis in unserem Gespräch, weil das – hoch politisch-theologische Thema mir die Zunge löste und mich vergessen liess, dass ein Telefon-Gespräch <u>kein</u> Gespräch unter Anwesenden ist.[95]

Schmitt zieht die indirekte schriftliche Korrespondenz vor und legt zur klareren Positionierung zwei Dokumente bei: Ausführungen von 1945 über den Suizid in »Zeiten des Bürgerkriegs« aus *Ex Captivitate Salus* (ECS 42f) sowie Hans Blumenbergs Kommentierung dieser Zeilen in einem Brief an Schmitt, »unter dem Datum des 24. April 1976[96] (also <u>vor</u> dem 8. Mai 1976) geschrieben«; Blumenberg konzedierte Schmitt, dass »unsere grösste Schwäche gegenüber

---

[93] Abdruck in: Reinhard Mehring (Hg.), »Welch gütiges Geschick!« Ernst-Wolfgang Böckenförde / Carl Schmitt: Briefwechsel 1953–1984, Baden-Baden 2022, S. 597.
[94] Ulrike Meinhof (1934–1976), führende RAF-Terroristin, erhängte sich am Fenstergitter ihrer Zelle. Einer ihrer Anwälte, Otto Schily, später, von 1998 bis 2005, für die SPD Bundesinnenminister, vertrat damals eine Mordthese, die er durch eine Untersuchungskommission beweisen wollte. Die Mordthese war in der BRD-Linken recht weit verbreitet.
[95] BGB § 118: Mangel an Ernsthaftigkeit.
[96] Hans Blumenberg / Carl Schmitt: Briefwechsel 1971–1978 und weitere Materialien, hrsg Alexander Schmitz / Marcel Lepper, Frankfurt 2007, S. 147f.

allen Zumutungen darin besteht, dass wir die pagane Sakramentalisierung des Selbstmords in unerreichbare Ferne gerückt haben. Man muss da aber nicht nur an Seneca denken, sondern auch an Masada und Warschau.« Blumenberg verwies also auf das jüdische Schicksal und betonte, dass die »Sakramentalisierung des Selbstmords« wohl »im Umkreis des Gedankens, das Martyrium habe etwas mit dem Erweis von Wahrheiten und dem Verdienst um sie zu tun«, zu suchen sei. Schmitt setzt diesen Äußerungen für Böckenförde, der sich als Katholik für Märtyrer und Martyrium interessierte, handschriftlich hinzu: »Zur Frage das Martyrium [sic] möchte ich daran erinnern, dass (im Sinne des Ursprungs) (authentisch-christlich) Märtyrer nur derjenige ist[,] der die Wahrheit vor der legalen Obrigkeit bezeugt und von ihr verurteilt wird.« Wo Blumenberg die Zeit des Martyriums verabschiedet, weil die Legitimität der Neuzeit den religiösen Glauben desavouierte, bindet Schmitt das Martyrium an die Opposition gegen die herrschende Legalität. Ob er damit Meinhofs Suizid ernstlich kommentieren wollte? Bestritt er Meinhofs Tod die Qualität des Martyriums einzig deshalb, weil die bundesdeutsche »Legalität« es nicht wert gewesen wäre? Konnektierte er RAF und BRD mit Legitimität gegen Legalität? Hätte er die Kapitulation der Terroristin in anderen Zeiten als Martyrium anerkannt?

Die Analogisierung des römischen Martyriums mit dem Suizid der RAF-Terroristin Meinhof ist selbstverständlich anstößig und problematisch. Suchen wir einen neueren Fall, der Schmitts Sicht vielleicht besser illustriert, so wäre etwa an den kroatischen General Slobodan Praljak (1945–2017) zu denken, der vom Internationalen Strafgerichtshof des Bosnienkrieges wegen zu 20 Jahren Haft verurteilt wurde und noch im Gerichtssaal nach seiner Verurteilung öffentlich Zyankali schluckte und bald danach verstarb. Seine letzten Worte im Gerichtssaal lauteten (laut Wikipedia) übersetzt: »Richter, Slobodan Praljak ist kein Kriegsverbrecher, mit Verachtung weise ich ihr Urteil zurück.« Der einstige Filmregisseur nahm das Gift vor laufender Kamera, vor der Weltöffentlichkeit. Ich vermute, Schmitt hätten diese Worte und Bilder imponiert, meine aber nicht, dass er das terroristische Handeln von Salan oder Meinhof verteidigen und rechtfertigen wollte; er nahm es als Beispiel für radikale und extremistische Spannungen von Legalität und Legitimität, die die Verflechtung der Kategorien demonstrierten. Es ging Schmitt um die Exemplifizierung einer normativen Problematik. Böckenförde wird damals auch nicht angenommen haben, dass Schmitt mit Meinhofs Suizid den RAF-Terrorismus legitimierte. Eine offene Rechtfertigung des Terrorismus findet sich beim Autor der *Theorie des Partisanen* wohl nirgendwo. Der alte Schmitt, im April 1976 bereits fast 88 Jahre alt, dachte aber weiter in Kategorien von Legalität und Legitimität und meinte es seiner Theorie vielleicht schuldig zu sein, im Gespräch mit dem besten Establishment-Schmittianer am Mythos der »anderen Legitimität« festzuhalten, den er 1963 in der *Theorie des Partisanen* mit Salan beschworen hatte.

## X. Entgrenztes Recht

Kafka und Schmitt waren Zeugen des kurzen 20. Jahrhunderts. Kafka kommentierte die »Urkatastrophe« von 1914 bekanntlich lakonisch: »Deutschland hat Rußland den Krieg erklärt. – Nachmittags Schwimmschule.« (KTB 418) Schmitt erlebte vier Systeme, fand nach 1945 aber in der »Einheit der Welt« keine Systemalternative mehr, für die er ernstlich noch optieren wollte. Beide neigten als gelernte Juristen rechtsskeptischen Einschätzungen zu. Kafka beschrieb Staat und Recht, Schloss und Prozess, jenseits liberaler Rechtsbestimmtheit und Rechtssicherheit als terroristisches Verhängnis; Schmitt konfrontierte die »Legalität« des liberalen Gesetzgebungsstaates mit einer anderen »Legitimität«, die in den nationalsozialistischen Leviathan mündete. Er ging von der »Dekonstruktion« zur »Dämonisierung« über und betrachtete die Lage nach 1945 dystopisch. Das Ende des »Kalten Krieges« 1989/90 hätte er nicht als Epochenwende betrachtet. Eher schon ahnte er die »neuen Kriege« in den dekolonialisierten Bürgerkriegs-Landschaften sowie den kommenden Aufstieg Chinas.

Nach der Urkatastrophe des 21. Jahrhunderts, dem 11. September 2001, kam die Welt aus dem Krisenmodus nicht mehr heraus: Afghanistankrieg, Irakkrieg, globale Finanzkrise, Griechenlandkrise, Scheitern des »Arabischen Frühlings«, Syrienkrieg, Ukrainekrieg, Machtergreifung und Untergang des IS, Flüchtlingskrise, Brexit, Rückzug der US-Truppen aus dem Irak und Afghanistan, neuerliche Machtergreifung der Taliban und anderes mehr. Donald Trump wurde Ende 2020 als US-Präsident – knapp – abgewählt und rief fast unverhohlen putschistisch zum Sturm auf das Kapitol auf. Plebiszitär-autokratische Politiker und Regime sind heute weiter auf dem Vormarsch. Nach der Bundestagswahl vom September 2017 geriet die Bundesrepublik in eine veritable Regierungsbildungskrise; Bundespräsident Steinmeier plädierte damals mit explizitem Verweis auf die negativen Weimarer Erfahrungen für eine Fortsetzung der ungeliebten »Groko«. Die Bundestagswahlen 2021 brachten eine weitere Fragmentierung des Parteiensystems, sodass Regierungsbildungen aktuell nur in labilen Dreier-Koalitionen möglich sind. Der exekutive Maßnahmestaat, den Schmitt in Weimar einst propagierte, kehrte spätestens mit der Corona-Pandemie 2020/22 auch nach Deutschland zurück. Die Notstandsgesetzgebung des Grundgesetzes traf keine besonderen Regelungen für mögliche Pandemien, weil man in Kategorien des »Kalten Krieges« dachte. In der Corona-Pandemie musste eine schwache Legalisierung deshalb eilig forciert werden: unterhalb des Grundgesetz-Textes primär durch Änderungen des Infektionsschutzgesetzes. Massive Grundrechtsbeschränkungen erfolgten mit teils vagen Begründungen; die Gewichte im »Mehrebenensystem« von EU, Bund und Ländern verschoben sich weiter in Richtung Europäisierung.

Schmitt forderte eine klare juristische Unterscheidung von Normal- und Ausnahmezustand. Die Forschung streitet, wo er hier stand: Einige unterstellen ihm eine alarmistische und extremistische Sehnsucht nach dem Ausnahmezustand, andere sehen in ihm den Diagnostiker des »Zwischenzustands« – zwischen Normal- und Ausnahmezustand, Krieg und Frieden –, wieder andere lesen einen normativen Appell zur Rückkehr zu einem Normalzustand und der »Substanz« oder den »Grundentscheidungen« der Verfassung heraus. Schmitt hätte die Corona-Politik vielleicht als Krise des Liberalismus und Parlamentarismus betrachtet und mit einiger Neugier beschrieben, wo und wie die Politisierung aus dem Parlament heraustritt, die liberale Form verliert und sich in digitale Medien und auf die Straße verlagert. Zweifellos betrachtete er die Europäisierung der Entscheidungen als Souveränitätsverlust. In der Corona-Krise verwies die exekutive Politik über die wissenschaftliche Expertise und expertokratischen Kommissionen hinaus auf die Zuständigkeit des RKI und die WHO: eine Teilorganisation der UNO. Die Bevölkerung adressiert die Verantwortlichkeiten zwar immer noch an »nationale« Akteure und Institutionen; die verweisen aber auf globale Vernetzungen und Verhandlungssysteme und lassen zentrale Fragen im Zweifel offen.

Berlin ist nicht Bonn. Die alte Bundesrepublik vor 1989 lässt sich mit den heutigen Verhältnissen kaum noch vergleichen. Die Lockdown-Politik der Corona-Krise hat aber erneut gezeigt, dass der exekutive Maßnahmestaat in der Krise handelt und allzuständig gefordert ist. Der Primat der Politik über das Recht wurde überdeutlich. Demokratiedefizite der Europäisierung zeigen sich nicht nur in der fehlenden europäischen Öffentlichkeit. Eine luzide Einheit des Rechts gibt es nicht. Eher nähern wir uns den alteuropäisch zerklüfteten Rechtsverhältnissen vor 1789 an, in denen Rechtstitel wohlfeil waren. Das Elitenprojekt der Europäischen Union hat sich von demokratischen Verfassungsprozessen weitgehend entkoppelt und der justizstaatlichen Entwicklung anvertraut. Die Akteure dieser gemeineuropäischen Rechtsfortbildung sind den nationalen Öffentlichkeiten fast völlig unbekannt.

Dystopische Literarisierungen der Lage erfolgten in vielen Versuchen und Anläufen, nicht zuletzt im Genre der Science Fiction. Die mächtigen europäischen Gerichte rufen zwar nach kafkaesker Literarisierung, die bundesdeutsche Öffentlichkeit glaubt aber immer noch mehrheitlich ziemlich naiv an »Karlsruhe« als »Hüter der Verfassung«, rechtsstaatlicher Autorität und Souveränität. Es gibt vorzügliche nüchterne Beschreibungen des modernen Verfassungsstaates,[97] die das offene und riskante »Projekt« für fortsetzungswürdig halten. Der Rechtshistoriker Michael Stolleis beschließt den letzten Band seiner großen *Geschichte des öffentlichen Rechts in Deutschland* aber mit einem ziemlich skeptischen Ausblick:

Die Organe der Europäischen Union stehen über (und neben) den Organen ihrer Mitgliedstaaten, so jenen des

---

[97] So etwa Horst Dreier, Idee und Gestalt des freiheitlichen Verfassungsstaates, Tübingen 2014; zur Wissenschaftsgeschichte ders., Kelsen im Kontext. Beiträge zum Werk Hans Kelsens und geistesverwandter Autoren, hrsg. von Matthias Jestaedt / Stanley L. Paulson, Tübingen 2019; kritische rechtstheoretische Bilanz der Corona-Politik ders., Rechtsstaat, Föderalismus und Demokratie in der Corona-Pandemie, in: DÖV 74 (2021), Sp. 229–243; die »digitale Revolution« stark berücksichtigend Thomas Vesting, Staatstheorie. Ein Studienbuch, München 2018; zur Einordnung (leider 1990 endend) Michael Stolleis, Geschichte des öffentlichen Rechts in Deutschland. Vierter Band: Staats- und Verwaltungsrechtswissenschaft in West und Ost 1945–1990, München 2012; den revolutionären Umbruch der Europäisierung bereits früh markierend Rainer Wahl, Verfassungsstaat, Europäisierung, Internationalisierung, Frankfurt 2003; Zwischenbilanz bei Thomas Duve / Stefan Ruppert (Hg.), Rechtswissenschaft in der Berliner Republik, Berlin 2018; zur Entwicklungsdynamik jetzt Armin von Bogdandy, Strukturwandel des öffentlichen Rechts, Berlin 2022; zur Lage der Rechtsdogmatik Eric Hilgendorf / Helmut Schulze-Fielitz (Hg.), Selbstreflexion der Rechtswissenschaft, Tübingen 2. erw. Aufl. 2021.

Bundes und der Länder der Bundesrepublik. Die bereits im deutschen Bundesstaat komplizierten Abstimmungsvorgänge zwischen Gesamtstaat und Teilstaaten, die teils über den Bundesstaat, teils über Ministerkonferenzen der Länder ablaufen, werden nun durch die europäische Willensbildung überlagert. Hieraus entsteht die heutige europäische Mehr-Ebenen-Normativität. Ob es insgesamt eine Entwicklung zu einer weiteren Konstitutionalisierung Europas in Richtung auf ›Vereinigte Staaten von Europa‹ oder längere Stagnationsphasen oder gar eine Zurückverlagerung von Kompetenzen auf die Nationalstaaten geben wird, ist nicht vorhersagbar.[98]

Mit den revolutionären technischen Veränderungen der Luft- und Raumfahrt sowie vor allem der elektronischen Kommunikation sind heute auch für das Recht völlig neue Bedingungen entstanden. Überall gibt es ›Entgrenzungen‹, ja eine Tendenz zur Ortlosigkeit. Alles kann beobachtet, fotografiert und gespeichert werden. Nachrichten, Börsenkurse, Finanzmittel, Dienstleistungen aller Art werden in Sekundenschnelle rund um die Erde ausgetauscht. Die zu überwindenden Räume erscheinen immer kleiner und spielen gar keine Rolle mehr. Die Folgen für die Normordnungen der historisch gewachsenen Teilgesellschaften sind noch kaum absehbar. Das institutionelle Arrangement, das wir Staat und Verwaltung nennen, wird sich jedenfalls tiefgreifend verändern.[99]

Liest man dazu etwa Ausführungen von Andreas Voßkuhle, bis 2020 langjähriger Präsident des Bun-

---

[98] Stolleis, Bd. IV, 2012, S. 662.
[99] Stolleis, Bd. IV, 2012, S. 665.

desverfassungsgerichts, so klingt das Legalisierungsgeschehen in ziselierter Juristenprosa erneut ziemlich »kafkaesk«:

Auf nationaler Ebene hat das BVerfG den EuGH als ›Motor der Integration‹ nicht gebremst, sondern durch die Anerkennung seiner Rechtsprechung bisweilen sogar ermuntert. 1967 schloss es sich der Einstufung des Gemeinschaftsrechts als einer im Verhältnis zu Völkerrecht und nationalem Recht eigenständigen Rechtsordnung an. Des Weiteren sicherte das BVerfG bereits im Jahr 1971 und damit im Vergleich zu den Verfassungsgerichten beziehungsweise obersten Gerichten anderer Länder relativ früh den Grundsatz des Vorrangs des Gemeinschaftsrechts verfassungsrechtlich ab, wenn es auch eine andere rechtsdogmatische Begründung als der EuGH wählte. Schließlich akzeptierte es 1987 – erstmals ausdrücklich – grundsätzlich die Methode richterlicher Rechtsfortbildung durch den EuGH unter Verweis auf eine jahrhundertelange Tradition richterlicher Rechtsschöpfung in Europa vom römischen Recht bis zum deutschen Arbeitsrecht. Nun obliegt es maßgeblich den nationalen Verwaltungen und Gerichten, für die Durchsetzung des europäischen und nationalen Rechts zu sorgen. Aufgrund des dezentralen Vollzugsmodells sind gerade die nationalen Fachgerichte wichtige Akteure bei der Durchsetzung des Unionsrechts. Schlechthin konstitutiv für die Verrechtlichung des europäischen Integrationsprozesses ist dabei das Vorabentscheidungsverfahren gemäß Art. 267 AEUV. Dieses Verfahren sichert die Verpflichtung der innerstaatlichen Gerichte, dem Unionsrecht Vorrang vor entgegenstehendem nationalen Recht einzuräumen, prozedural ab und ist Ausdruck der Verantwortungseinteilung in einem

Verbund, in dem die Ebenen des Unionsrechts und des nationalen Rechts zusammenhängen.«[100]

Viele Europarechtler werden solche Ausführungen zum Primat des Europarechts und der richterlichen Rechtsfortbildung durch europäische Gerichte heute zwar für selbstverständlich halten, Schmitt hätte Voßkuhles Texte aber dem Karlsruher »Gummibaum« und »Wertetraum« zugerechnet. Voßkuhle verteidigt die Ordnung der Bundesrepublik semantisch offen und elastisch mit der Rede von »Werten« und einem »Wertekanon«, von »Identität« und »Substanz«, »Identitätskern« und »Identitätskontrolle«, »Wesenskern« und »Quellcode«. Da heißt es: »Die Verfassung von Werten trägt in sich das Versprechen von Identität.«[101] Die »Pflege des verfassungsrechtlichen Quellcodes« funktioniere im Mehrebenensystem kooperativ relativ unproblematisch; mögliche Kollisionen würden meist »im Vorfeld« geklärt: »Ein Macht- oder Konkurrenzkampf zwischen BVerfG und EuGH stand nicht und steht nicht zur Debatte.«[102] Das Drehbuch des natio-

---

[100] Andreas Voßkuhle, Integration durch Recht. Der Beitrag des Bundesverfassungsgerichts, in: ders., Europa, Demokratie, Verfassungsgerichte, Berlin 2021, S. 83–107, hier: S. 88f; wegweisend etwa Peter Häberle, Europäische Rechtskultur, Baden-Baden 1994; ders., Europäische Verfassungslehre, 8. Aufl. Baden-Baden 2016.
[101] Voßkuhle, Europa, Demokratie, Verfassungsgerichte, 2021, S. 123.
[102] Voßkuhle, Europa, Demokratie, Verfassungsgerichte, 2021, S. 279.

nalliberalen und demokratischen Verfassungsstaates, wie es Schmitts *Verfassungslehre* 1928 systematisierte, trägt hier kaum noch.

Rousseau formulierte 1762 zum Start der modernen Verfassungsgeschichte bereits die herkulische Aufgabe: »›Trouver une forme d'association qui défende et protège de toute la force commune la personne et les biens de chaque associé, et par laquelle chacun s'unissant à tous, n'obéisse pourtant qu'à lui-même, et reste aussi libre qu'auparavant?‹ Tel est le problème fondamental dont le *Contract social* donne la solution." (I. 6)[103] Die Antworten ähnelten nicht nur in jakobinischer Lesart und Vollstreckungshybris[104] immer wieder Mutanten des Leviathan. Gibt es eine Verfassung, kraft der jeder gehorcht und so frei bleibt als zuvor? Wie können die Adressaten von Politik und Recht sich zugleich als Autoren begreifen? Rousseau hat die Frage kaum richtig gestellt. Kafka und Schmitt sahen terroristische Antworten des 20. Jahrhunderts. Niemand wird Schmitts Theorie der Diktatur und seiner rechtsskeptischen Sicht der Nachkriegslage heute als Blaupause für die Gegenwart folgen wollen. Die aktuelle Verfassungslage braucht neue Beschreibungen. Haben wir – in Theorie und Praxis – aber heute

---

[103] Jean-Jacques Rousseau, Du Contract Social, in: Œuvres complètes. Bibliothèque de la Pléiade, Paris 1964, Bd. III, S. 360.
[104] Peter Sloterdijk, Die schrecklichen Kinder der Neuzeit, Berlin 2014.

gute Antworten auf Rousseaus Problemstellung? Sind wir im 21. Jahrhundert einer tragenden Lösung nähergekommen? Wer mag das vollmundig sagen?

*Literaturverzeichnis*

Franz Kafka wird – trotz der neueren editorischen Korrekturen und Einwände – mit einfachen Kürzeln nach den geläufigen, von Max Brod herausgegebenen *Gesammelten Schriften* zitiert, die Schmitt nur kennen konnte. Auf Sekundärliteratur wird direkt im Apparat verwiesen:

Bd. I: Erzählungen, Frankfurt 1952 (Kürzel: KE) – ergänzend hier auch zitiert nach: Drucke zu Lebzeiten, hrsg. Wolf Kittler / Hans-Gerd Koch / Gerhard Neumann, Frankfurt 1994 (KDL)
Bd. II: Amerika, Frankfurt 1953 (KA)
Bd. III: Der Prozess. Roman, Frankfurt 1951 (KP)
Bd. IV: Das Schloss. Roman, Frankfurt 1951 (KS)
Beschreibung eines Kampfes. Novellen, Skizzen, Aphorismen aus dem Nachlass, Frankfurt 1954 (KBK)
Hochzeitsvorbereitungen auf dem Lande und andere Prosa aus dem Nachlass, Frankfurt 1953 (KHL)
Tagebücher 1910–1923, Frankfurt 1953 (KTB)

Carl Schmitt wird im Text direkt mit folgenden Ausgaben zitiert:

AN  Antworten in Nürnberg, hrsg. Helmut Quaritsch, Berlin 2000
CSDB  Erst Leviathan ist der Ausdruck vollendeter Reformation. Briefwechsel zwischen Carl Schmitt und Dietrich Braun, hrsg. Martin Braun u.a., Berlin 2022
CSDS  Carl Schmitt / Duschka Schmitt. Briefwechsel 1923 bis 1950, hrsg. Martin Tielke, Berlin 2020
FP  Frieden oder Pazifismus? Arbeiten zum Völkerrecht und zur internationalen Politik 1924–1978, hrsg. Günter Maschke, Berlin 2005
GL  Glossarium. Aufzeichnungen aus den Jahren 1947 bis 1958, hrsg. Gerd Giesler / Martin Tielke, Berlin 2015
GM  Gespräch über die Macht und den Zugang zum Machthaber, Pfullingen 1954
GS  Gesammelte Schriften 1933–1936, Berlin 2021
HH  Hamlet oder Hekuba. Der Einbruch der Zeit in das Spiel, Düsseldorf 1956
L  Der Leviathan in der Staatslehre des Thomas Hobbes. Sinn und Fehlschlag eines politischen Symbols, Hamburg 1938
NE  Der Nomos der Erde im Ius Publicum Europaeum, Köln 1950

| | |
|---|---|
| TB I | Tagebücher Oktober 1912 bis Februar 1915, hrsg. Ernst Hüsmert, Berlin 2003 |
| TB V | Tagebücher 1930 bis 1934, hrsg. Wolfgang Schuller, Berlin 2010 |
| TP | Theorie des Partisanen. Zwischenbemerkung zum Begriff des Politischen, Berlin 1963 |
| TW | Die Tyrannei der Werte, 3. Aufl. Berlin 2011 |
| VA | Das internationalrechtliche Verbrechen des Angriffskrieges und der Grundsatz ›Nullum crimen, nulla poena sine lege‹, hrsg. Helmut Quaritsch, Berlin 1994 |
| VRA | Verfassungsrechtliche Aufsätze aus den Jahren 1924–1954, Berlin 1958. |

*Personenverzeichnis*

Adorno, Th. W.   13, 27
Am Zehnhoff, H.   46, 50, 89
Anders, G.   99f, 111
Arendt, H.   65f, 71, 86, 111–117

Barion, H.   75, 82, 85f
Benito Cereno   73ff, 83ff
Benjamin, W.   10, 13, 63, 89, 111, 115f
Blei, F.   37–44, 45, 51, 63, 99, 111
Blumenberg, H.   130f
Böckenförde, E.-W.   51, 96, 121f, 129ff
Brod, M.   12f, 21, 28ff, 39, 87, 103, 108, 145

Caesar, J.   124f, 127

Chaplin, C.   30, 112

Dahn, F.   57

Ewers, H. H.   47, 50

Gadamer, H.-G.   13f
Gelimer   56f
Groß, H.   21f
Groß, O.   21f

Heidegger, M.   51, 55f, 58, 65, 86f, 90, 94, 96, 98f, 116
Hitler, A.   19, 42, 53f, 63f, 81
Hobbes, Th.   62, 70, 102, 110
Huxley, A.   60f, 63, 65, 107

Jünger, E.   42, 56, 72f

Kant, I.   125ff, 139
Kempner, R.   53
Kierkegaard, S.   43, 109

Löwenstein, K.   95f

Mann, Th.   17, 27, 46, 87ff
Manow, P.   33f
Marschner, R.   25
Meinhof, U.   130ff
Melville, H.   73, 83f, 127

Ottmann, H.   65

Pasternak, B.   107
Pieroth, B.   90f
Platon   36, 61ff, 65f
Praljak, S.   132
Pringsheim, F.   17

Radbruch, G.   35
Roth, J.   101
Rousseau, J.-J.   143f

Salan, R.   85f, 128f, 132f
Stolleis, M.   104f, 139f

Voßkuhle, A.   140ff

Weber, M.   11, 22f, 65, 70f, 123